教师教育"十三五"规划教材

U0719722

教学设计：原理与案例

邹霞 康翠 钱小龙 编著

西安交通大学出版社
XI'AN JIAOTONG UNIVERSITY PRESS

内容提要

　　教育家夸美纽斯早在17世纪所著的《大教学论》中就写道：寻找一种方法，让教师可以少教，而学生可以多学；让学校因此可以减少喧嚣、烦厌和无益的劳苦，多具闲暇、快乐和坚实的进步。300多年来，教学实践者们不断在寻找这种方法，从20世纪30年代开始，这一方法开始形成一门学科——教学设计。

　　本书基于对教学这样的认识：教学是一项以帮助学习者学习为目的的事业（加涅，教学设计原理）；教学是以促进学习者学习为目的的一系列事件所组成的师生共同参与的活动。这一系列促进学习的事件，叫教学事件。教学事件的设计是教师做的创造性工作，是教学设计成果的主要表现。本书将回答"教学设计是什么，为什么，做什么"三个问题。在呈现原理的同时，给出具体的教学案例以帮助读者理解相关原理并为其进行教学设计提供参考。本书可作为教育技术学专业"教学设计"课程的教材，也可作为教师职前职后培训的教材。

前言

如何从教书匠转化为学习的引导者和帮助者？如何从教师的职业定位，转化为教育者、教育家的定位？拥有现代教育教学理念，同时掌握教学设计的基本原理与方法，并在实践中不断应用它、丰富它，应该可以实现上述目标。

本书对教学设计的基本原理与方法进行系统陈述并配以相关案例以帮助读者理解。

本书基于对教学本质这样的认识："教学是一项以帮助学习者学习为目的的事业。"①

本书也基于对设计这样的认识：设计是创造性地解决问题的过程。

我们相信每个人身上都有独特的创新能力。作为一名教师，如何将我们身上的创新能力发挥出来呢？如果能明确自己需要解决的问题，拥有解决这些问题正确的理念和方法，也知道通过什么步骤去解决它，那么在实施这些步骤和方法中就有发挥自己创造力的空间了。

本书阐述教学设计的基本理念及基本的程序方法。

期待广大教师和未来的教师（师范生）能通过阅读、理解、认同，并将其应用于实践中创造性地解决自己面临的诸多教学问题，最终达到帮助学习者获得知识、技能和各种能力的多重教学目标。

目前普遍将教学设计划分为三个层次：系统层次、产品层次和课堂层次。本书的程序与方法针对的是课堂教学之设计，也即每个执守课堂的教师所需要的创造性解决教学问题的程序方法。

本书的结构层次为：

第一部分回答"是什么"和"为什么"——教学是什么，学习是什么，设计是什么，教学设计是什么，教学设计的一般程序与方法是什么；为什么要教学，为什么要学习，为什么要进行设计，为什么要进行前端分析，为什么要制定策略和进行教学评价设计。

第二部分回答"做什么"和"怎样做"——教师要做的事，可分为课前、课中和课

---

① R. M. 加涅. 教学设计原理[M]. 上海：华东师范大学出版社，2001.

后。需要知道：怎样进行前端分析，怎样制定教学策略，怎样进行教学评价设计，怎样编写教学设计方案。

第三部分阐述课程教学设计及相关案例。

本书主要依据罗伯特·加涅(Robert Mills Gagné)的《教学设计原理》的基本思想和基本原理，融合夸美纽斯(Iohannes Amos Comenius)《大教学论》中的自然教育思想，借鉴布鲁斯·乔伊斯(Bruce Joyce)等人的《教学模式》中的案例及表现方式，参考乌美娜《教学设计》基本构架，结合第一编著者三十多年的课堂教学经验和近二十年的"教学设计"课程教学实践经验与思考，构建了本书的框架体系。第一编著者西华师范大学邹霞教授负责整书的结构体系之构建，编写了第一部分、第二部分的第三章至第七章。第二编著者江苏大学康翠博士负责编写第二部分第九章、第三部分的编写和整书的统稿工作。第三编著者南通大学钱小龙博士(副教授)负责第二部分第八章的编写和整书文字的审核工作。

本书的表现形式是：案例引路，问题情境，名人名言，知识要点，思考与行动。

不妥之处，敬请同行专家及广大教师批评指正。

编著者

2017.7

目录

第三部分 如何进行课程教学设计

附 录

引 言

案例

纵观优秀视频教学案例,我们不难发现,一节优秀的课,一定能吸引到学习者的注意力。它们有些是老师的言语、行为吸引着学习者,有些是教师应用多种媒体进行的各种展示吸引着学习者,还有的是教师组织的课堂活动吸引着学习者的参与。教师用富有逻辑的口头语言和生动形象的肢体语言吸引并引导着孩子进入知识的领域。一个典型的案例是北京朝阳区教研室的应飞老师在 20 世纪 90 年代前后上的一堂小学自然课——"热胀冷缩";用各种活动来引导学习者参与到学习中来的一个典型案例是小学语文阅读课——"漫谈沟通"(由中国香港某美女教师讲授的);利用现代媒体来更好地呈现知识和引领孩子学习的一个典型案例是成都七中叶德元老师上的初中历史课——"汉字的演变"。

仔细观摩这些视频教学案例,从中去找到好的教学之特征;进而思考如何实现好的教学,为此我们应该做些什么呢?

问题情境

作为学生,从小学读到大学,已经历了无数多的教学,有令我们终生难忘的(较少),也有一点儿没留下印象的(很多)。在终生难忘的这些少数学习体验中,有些是积极的(学生心中的好老师),还有些是消极的(学生心中可恨、可怕的坏老师,这些老师会打骂学生、讽刺挖苦学生、不尊重学生,把学生当成坏情绪的发泄对象。直至学生上了大学,想起他都浑身发抖)。

我们要的教学是什么呢?

当然是好的教学。

什么是好的教学?

应该是令学生从知识、能力和情感上都受益的、能促进学生健康成长的教学。如本书提供的优秀课堂教学视频案例。

好的教学是谁创造的?

是优秀的教师。

优秀教师是如何产生的?

一是爱心(爱学科,爱学生)、专心(专注于教学)、用心(不仅仅教书,对教学有自己的思考和方法)的教师,凭借多年的实践积累而成。二是通过理论学习,树立正确的教育教

—— 1 ——

学观,掌握教学技术并通过在实践中应用而产生。第一种优秀教师的成长一般要5～10年,第二种优秀教师的成长可能只用3～5年。我们编写此书的目的,就是让年轻的教师或准教师们更快成为一名优秀的教师。

优秀的教师要做些什么?

课前——教师针对学生的实际情况和教学内容、目标,对教学形式、方法、媒体及材料、教学活动做整体考虑和准备,我们把这个环节叫作规划设计阶段。需要教师具体规划设计能力。

课中——教师根据学生实际情况实现自己的教学规划和设计。它需要教师具有个人的魅力(外在形象、内在气质),语言表达流畅、科学且能体现其学科性,若能风趣幽默更容易抓住学生;对课堂的控制能力与组织能力强;对教学资源的呈现做到科学、结构性强、生动、易于学生接受。这个环节需要教师具备各项教学技能。

课后——教学结束后,教师通过不断地评价、反思自己的教学和学生的学习,把经验上升为理论,更好地指导后续课程的设计与实施。这一阶段需要教师具备反思与修正教学的能力。

好的教学,需要这三个环节都做好。我们把这三个环节整体考虑,最终形成较为完善的教学方案的过程叫作教学设计。关于课中教师的各种教学技能,它是可以通过不断的练习、实践逐步形成和完善的,如进行微格教学训练等。在本书中我们着重陈述教师怎样通过学习和训练,形成整体把握教学并创造出好的教学的教学设计能力。

名人名言

它阐明把一切事物教给一切人们的全部艺术。

——夸美纽斯(Iohannes Amos Comenius)《大教学论》

知识要点

第一部分,我们要对什么是教学、什么是学习、什么是设计、什么是教学设计进行探讨;对教学设计课程的知识框架进行搭建;主要回答"是什么"和"为什么"的问题;陈述了教学设计的一般程序:对学习者进行分析,对学习需要进行分析,确定学习目标,分析学习内容,制定教学策略,进行教学评价设计,写出教学设计方案。

第二部分,我们探讨教学设计"怎样做"的问题——怎样对学习者进行分析,怎样进行学习需要分析,怎样描述学习目标,怎样分析学习内容,怎样制定教学策略,怎样进行教学评价,怎样写教学设计方案。

第三部分,我们将针对课程教学的设计进行论述,并给出部分具体课程之教学设计案例。引出教学模式的概念,对教学模式进行分类并给出应用建议。

思考与行动

1. 你认为好的教学的最主要的特征是什么?
2. 你认为教师在进行教学设计时应该考虑哪些要素?

_____

_____

_____

_____

_____

❦ 学习成果记录

第一部分 绪论

　　教学是一项以帮助人类学习为目的的事业,教师则是这项事业中学生学习的指导者和帮助者。教学设计作为一项技能,它是教师从事教学工作必须掌握的基本技能;作为教学的一个环节,是先于课堂教学实施、课堂教学评价与反思之前的首要环节,没有设计,就没有后续的实施、评价与反思;作为一门学科,它是教学理论和教学实践的桥梁,是用系统方法分析教学问题,整体考虑教学系统的构成要素,调整教学系统要素之间的关系,以实现帮助学习者有效学习的目的。

　　本部分主要讨论一些核心概念,包括教学与学习的本质、设计与教学设计的基本内涵、教学设计的逻辑等,解决与"是什么"和"为什么"有关的问题,建立对教学设计的理性认识。

第一章　教学与学习

案例

在一个一年级的班里,孩子们围绕在一张桌子旁,上面放着几支相同的蜡烛和几个大小不同的玻璃缸。老师点燃一支蜡烛,然后将最小的玻璃缸罩在蜡烛上,蜡烛的火苗变小、慢慢变暗,不一会就熄灭了。教师点燃另一支蜡烛,将一个大点的玻璃缸罩在上面,蜡烛的火苗也开始变小并慢慢变暗,随后熄灭,比第一支熄灭得慢一些。教师点燃第三支蜡烛,将最大的玻璃缸罩在上面,蜡烛的火苗在一段时间后开始变小变暗,最后熄灭。老师让孩子们对刚刚看到的现象进行描述并提出一些问题来。有孩子提出:如果使用一个更大的罐子,这个蜡烛会不会燃烧得更久? 老师问:对此怎样才能得到证实呢?

在这样的课堂上老师常常让学生自己口述已知知识和需要弄明白的一些问题,并让学生写下来,作为本堂课要学习的内容。

——布鲁斯·乔伊斯(Bruce Joyce)等《教学模式》

名人名言

教学是一项以帮助学习者学习为目的的事业。

——罗伯特·加涅(Robert Mills Gagné)《教学设计原理》

学而时习之,不亦说乎。

学而不思则罔,思而不学则殆。

君子食无求饱,居无求安,敏于事而慎于言,就有道而正焉,可谓好学也已。

——孔子《论语》

第一节　关于教学

知识要点

在我们的传统意识里,教学是"教师把知识、技能传授给学生的过程"或"由教师教授,学生听讲、思考以获取知识的过程"。对于我们大多数教师来讲,不管是对教学的认知或是自身的教学行为,更多的对应于讲授,所谓"传道、授业、解惑也"。

在此,我们首先要明确三个问题。第一,教学是什么? 是教师讲,学生听? 第二,学生通过教师的教学以后,得到的是什么? 是知识与能力的提升,还是良好的情感、态度、价值观的形成? 第三,如果学生没有获得这些,我们是否应试着去改变些什么? 是让学生改变学,还是教师改变"讲"?

教学的目的不是"讲",而是帮助学习者"学"(对应的:教师不是教书匠,而是教育者、教育家)。教师应该为了学生有效的学习去建构知识、设计学习活动、搭建教学活动需要的环境、为学习者提供及时的学习反馈与评价,改变传统只是"讲授"的"教"的方式。

作为教师一定要意识到,没有教学,学习也能发生。因为学习是一个自然的过程,只要有信息刺激,学习者又能感知、接受并能加工应用它,学习也就产生了。教师要关心的是:怎样让学习者有兴趣并能容易地感知、接受和加工应用相应的信息。这需要教师精心为学习者设计学习流程、准备学习资源、提供学习指导。这个为学习者提供帮助的过程,一部分由教学设计人员完成,一部分由教师来完成。对于课堂教学而言,教师既是设计者也是实施者。

我们对教学的理解是:教学是以帮助人们的学习为直接目的的工作过程,或教学是一系列以促进学习的方式影响学习者的事件。这样的教学,教师工作的重心不再是课堂上的讲授,更多的工作是在课前和课后。因此,教师的工作不再只是讲,更多的是从事创造性地为解决具体教学问题而进行的设计、创设或寻找合适的教学资源的相关活动。

正如加涅所说:教学是一项以帮助学习者学习为目的的事业;教学是教师可以为之终身追求的事业,这个世界需要帮助的学习者很多,教师的工作就是帮助学习者在学习中全面成长。这种对教学的定位,也确立了教师的成长方向。

思考与行动

1.你赞成哪种"教学"观点?或者你的教学观是什么?
2.写出你对教学的理解与期望。

学习成果记录

第二节　关于学习

知识要点

一、什么是学习

说到学习，人们更多想到的是学生在学校学习的场景：听课、读书、做作业。这就是人们对学校学习的直观反应。但学习绝不仅限于学校的学习，生活与社会中的学习内容也很多的。

人们通常所说的：学习是读书、听课以获取知识的过程，或学习是从阅读、听讲中获得知识、技能和情感的过程。这是对学习的狭义定义。

我们认为，广义的学习是指学习者接受外部信息刺激主动建构内部心理表征的过程，是学习者一方面对新的信息进行意义建构，另一方面又对原有经验进行改造和重组的过程。这种界定揭示了学习者学习的内部过程。

在认知心理学中，对学习的界定是：学习是可以持久保持且不能单纯归因于生长过程或药物作用的人的倾向或能力的变化。这种定义告诉我们，学习一定会产生结果，我们可以看到人们身上所有除自然生长和药物作用带来的变化外的一切变化，都是学习产生的结果。

二、学习的结果

只要学习了，就一定有结果。学习结果逐渐积累最终会反映在个体的各种能力上。关于学习结果的分类很多，本书采用加涅的学习结果分类理论。

罗伯特·加涅将学习结果进行了这样的分类——智慧技能、认知策略、言语信息技能、动作技能和情感态度技能，并对每一类学习结果产生的内外部条件进行了详细的阐述。

(一)智慧技能

智慧技能是指人们应用符号和规则与周围世界发生相互作用的能力。

加涅把智慧技能分成五个亚类：辨别、具体概念、定义性概念、规则、高级规则。这五种智慧技能的习得存在着如下的层次关系：高级规则学习以简单规则学习为先决条件；规则学习以定义性概念学习为先决条件；定义性概念学习以具体概念学习为先决条件；具体概念学习以知觉辨别为先决条件。这是加涅的智慧技能层次论的核心思想。

1.辨别（能区分）

辨别是个体能在一个或更多的物理或感觉维度上"区分"出刺激差异的能力。辨别最简单的例子是人们指出两个刺激是相同还是不同。在中等教育或成人教育中，也包括辨别的例子，人们要辨别艺术、音乐、外语和自然科学中的刺激。工业上的例子包括辨别木材、金属、纺织品、纸张、印刷形式及其他方面的不同。人的辨别能力的发展是从低级向高级，从非专业到专业的方向递进向上发展的。

2.具体概念（能识别）

具体概念是个体能"识别"出某一物理客体的属性（颜色、形状、位置等）的能力。如小学一年级学生学习如下几句话："一年有四季，春天暖，夏天热，秋天凉，冬天冷。"这里"暖、热、凉、冷"所涉及的概念是具体概念，不能通过下定义，只能从具体实际例子中学。这种从具体例子概括习得概念的方式称为概念形成。

3.定义性概念（能演示）

定义性概念是个体通过"演示"来揭示事物共同本质属性的能力。

其基本学习形式是概念形成和概念同化。关于概念形成的过程和条件上文已经讲清楚了。在奥苏伯尔的同化论中，概念同化是一种下位学习，其先决条件是学习者认知结构中有同化新的下位概念的上位概念。如百分数这个定义性概念，如果学生头脑中已有"分数"这个上位概念，那么百分数可以用概念同化的形式学习。其学习过程是一个接受过程，即百分数的定义特征不必经过学习者从例子中发现，可以直接以定义形式呈现。学生利用其原有上位概念"分数"同化"百分数"。在学习时，学生找出百分数与分数的相同点，新的百分数被纳入原有分数概念中；同时要找出新知识（百分数）与原有知识（分数）的相异点，这样新旧知识可以分化，不致混淆。

4.规则（能运用）

规则是个体拥有的对概念间关系进行陈述的能力。

人们在实践中认识事物的内在联系，得出一般结论、原理等。这样的结论和原理原先作为命题知识被储存在人的记忆中，这样的知识是陈述性的。如果经过一定的练习，使结论和原理以产生式的形式表征，那么原先的结论和原理就转化成人们的办事规则。也就是说，当规则支配人们的行为时，规则就转化成做事的技能。

5.高级规则（能生成）

高级规则是人们运用概念和规则来解决问题的能力。

问题解决是教育教学的主要目的。大多数教育者都认同，教学应优先考虑教学生如何清楚地思维。当学生解决了一个代表真实事件的问题时，他们就一定经历了一次思维引导下的行为。当然问题有很多种，而且某些问题有多种可能的解决办法。在获得问题的有效解决办法时，学习者也获得了一种新的技能。他们学习到能推广于其他类似问题的东西，这意味着他们已生成一种或一套新规则。也可以说他们已"建构"了知识。但学习是否真的发生了，其检测标准是：这一新规则是否能够在将来的相似情境中得到回忆和应用。

（二）认知策略（能采用）

认知策略是个体控制自身内在学习、记忆和思维过程的能力，是一些控制智慧技能的选择和运用的步骤、程序和方法，具有内在性、控制性、特定性和普遍性。

认知策略的教学设计必须根据"有利条件"来进行。一般而言，有利条件是为认知策略的发展和使用提供机会的条件。换句话说，为了"学会思维"，需要给学生思维的机会。

（三）言语信息技能（能陈述）

言语信息技能是个体知道什么和陈述什么的能力。

言语信息的主要功能是为学习者建构其他技能提供一种结构或基础。可将此叫作"在学习基础上建构学习"。例如，在词汇领域，简单的单词在其被用于句子前必须习得。它主要有三个方面的作用：一是掌握言语知识，这是日常生活、社会交往和职业学习中必不可少的内容；二是学习其他能力类型的先决条件，无论智慧技能的学习，还是认知策略、态度这些类型的学习，都是在言语信息的背景中发生的；三是思维的工具。

(四)动作技能(能执行)

动作技能是个体所具有的使某些动作表现成为可能的能力。

动作技能的核心由一个高度组织的、处于中枢神经的通过练习建立的动作程序组成。它的一个重要的特性是:动作技能一旦形成,即使多年未用,其动作程序依然会在大脑中保存完整。

(五)情感态度技能(能选择)

情感态度技能是个体习得的"情感领域"的技能,其作用是放大个人对某些人、事、物的积极或消极的反应。

情感态度学习的主要内容是:由榜样显示的个体行为选择;反应榜样标准的自身行为标准的表征;来自行为选择的强化或替代强化的满意感。

改变态度有三种方法:直接强化;间接强化;角色扮演。

学习结果理论给我们的启示:学习的结果是多层次的,所以我们的教学目标不应该是单一的知识目标。这也决定了我们的教学活动不应该是教师单方面的讲授。教学设计应该考虑在有限的时间里用什么媒体、什么活动来让学习者获得对学习者来讲最为需要的学习结果。也可以说,教学设计就是为学习者通过学习产生相应学习结果创设"有利条件"的过程。

思考与行动

1. 你怎样定义"学习"这个概念?

2. 用生活中的例子来说明加涅的五大类学习结果。

3. 关于学习结果,你是否有更好的分类形式?

_____

_____

_____

_____

_____

❋ 学习成果记录

第二章　设计与教学设计

案例

　　5 岁左右的孩子们,坐在地板上,面对一幅画,上面画的是一个玩具熊坐在乡村风景里,朱迪斯老师说:"我们要从这幅画里挑出一些这周要学的单词。我想请你们先好好看看这幅画,当我喊到你的名字的时候,请站起来指出画面里的内容并说出它是什么,我会把你说出的词语写下来并用线把它与画面的内容连接起来,最后我们再来读一读这些词"……

——布鲁斯·乔伊斯等《教学模式》

名人名言

　　寻找一种方法,这种方法可以使教师少教而学生多学,使学校因此减少喧嚣、烦厌和无益的劳苦,多具闲暇、快乐和坚实的进步……

　　使男女青年毫无例外地、愉快地、彻底地懂得科学,纯于德行,习于虔诚,这样去学会现世与来生所需要的一切事项……

——夸美纽斯《大教学论》

第一节　关于设计

知识要点

　　在现实生活中,我们经常会听到"设计"一词,如毕业设计、服装设计、平面设计、建筑设计、室内装修设计、舞台设计、程序设计、发型设计等,不难发现,这些设计都是为使人类的生活更美好而进行的创造性劳动,也是人类社会物质精神文明的一种进步标志。

　　从不同的视角,对设计的界定会有不同。比如以下几种说法:

　　(1)设计是在正式做某项工作之前,根据一定的目的要求,预先制定方法、图样等的过程。

　　(2)所谓设计是指为了解决某一问题,在开发某些事物和实施某种方案之前所采取的系统化计划过程。

　　(3)设计是精确的计划过程。

　　(4)设计的实质是创造性地解决问题的活动。

　　前三种表述,都关注的是设计的过程性和预先性(规划、计划、图画);后一种表述强调

— 11 —

了设计的实质——创造性地解决问题。

我们认为设计的组成要素有三个：创意、表现、风格。

创意是解决问题的一种不同于前人的思路。任何一个问题的解决方法都很多，其中会有一些是别具一格且又能高效解决问题的想法——就是我们经常说的：这是一个很有创意的想法。

有了创意就需要把它表现出来，让人们更直观地看到，这个过程就是表现。表现的形式一般有文字（如规划、计划书、操作流程、设计方案等）、图表（设计图、计划表、流程图等）、行为展示（行为艺术）等。

风格，是设计人员在长期的实践中形成的、表现在其设计作品中的个性化的特征。优秀的设计师，总能让人们在他的作品中看到一些个性化的特征。对此有研究的人，可以从某个设计产品上看出是谁设计的。

因为个性的不同，世界才是多元的和多彩的，这是人们希望的世界。因此，也可以说，设计给我们带来缤纷的世界和多彩的生活。

思考与行动

1. 设计的本质特征是什么？

2. 陈述一下你在生活、学习或工作中的设计案例。

3. 在设计时，你会考虑哪些问题？

_____

_____

_____

_____

_____

学习成果记录

第二节 关于教学设计

知识要点

一、教学设计是什么

如果说设计是创造性解决问题的过程,那么教学设计就是创造性解决教学问题的过程。教学设计最根本的目标是解决教学中的问题。采用的基本方法是系统方法。具体的操作涉及分析问题、确定目标、制订解决问题的策略方案。

根据解决问题的范围大小和形式的不同,教学设计分为系统级、产品级和课堂级三个层次。系统性教学设计,在制订出解决问题的策略方案后,一般都要试行方案,修正完善方案,再推广方案。产品级的教学设计方案,一制订出来后即开始根据设计来开发产品,在开发产品的过程中,可以修改和完善方案。课堂级的教学设计方案制订出来后,即在课堂教学中实施,通过课后反思,对方案进行修正和完善。

无论哪个层次的教学设计,其最终目的都是:帮助学习者进行有效的学习,优化教育教学效果。

教学设计采用系统方法来分析教学问题,整体考虑教学系统的构成要素,调整教学系统要素之间的关系,以实现帮助学习者有效学习的目的。

教学设计是教学理论和教学实践的桥梁,是教育技术学学科中具有方法论性质的非物化形态的技术,是教育技术的核心技术。

教学设计的基本原理对于不同层次都是适用的。

二、教学设计的产生与发展简史

(一)产生

1900 年,杜威提出应该有一门连接学习理论与教育实践的"桥梁科学",其任务是建立一套与设计教学活动有关的理论知识体系。

教学设计的最初实践,要从二战时期的珍珠港事件说起。1941 年 12 月 7 日清晨,日本联合舰队的飞机和微型潜艇突然袭击美国海军基地珍珠港以及美国陆军和海军在夏威夷欧胡岛上的飞机场。在这之前,美国是不想介入战争的。珍珠港事件让美国措手不及,被迫卷入了二战,但却面临着如何在很短的时间里培训出大量合格的士兵和技术工人(生产武器和装备)的问题。

在教育专家的参与设计下,动用了当时的先进媒体——黑白电影,真正地实现了在十天左右培训出了大批的合格士兵和合格的技术工人。

具体做法是:将合格士兵要掌握的所有技能由一些熟练的士兵演示;将合格技术工人需掌握的技能由熟练工人给以演示;然后将整个演示过程拍成电影。拷贝大量的电影胶片,组织新士兵和新工人,在不同的地点同时观看电影进行学习。这样就在短时间内培训出了大量的合格士兵和合格的技术工人,为美国在二战中取得胜利打下了基础。

这一有针对性的大规模培训,在充分考虑培训者需求的基础上,将先进的媒体技术应用其中的设计方案，通过实践证明了其能有效地实现了预定目标。这一教育培训方案的产生过程，标志着教学设计学科的成功诞生。

（二）发展

教学设计的发展大致经历了以下几个阶段：

1.20世纪50年代的"程序教学"

斯金纳（1904—1990）发明了"教学机器"，主要想解决课堂教学中的"利用令人厌恶的刺激来控制学生行为"、"对学生的行为没有及时强化"或"强化太少"、"缺少连续的强化方案"等问题。

斯金纳认为，行为分为两类：一是应答性行为——由已知的刺激引起的反应；另一类是操作性行为——由有机体自身发出的反应。人的行为主要是由操作性反射构成的操作性行为——作用于环境而产生结果的行为。学习行为中，操作性行为更为重要。人的一切行为几乎都是操作性强化的结果，人们有可能通过强化作用的影响去改变别人的反应。学习的本质不是刺激的替代，而是反应的改变。教学就是安排强化的事件以促进学习。教师充当学生行为的设计师和建筑师，在教学中，学习目标被分解成许多小任务，让学生一个一个完成并给予强化，学生在完成任务的过程中形成正确的操作性行为。这种教学称之为程序教学。

"教学机器"是程序教学中用来呈现学习任务，并对学习结果进行反馈的装置。它由三部分组成：一是呈现问题的窗口；二是反应机制；三是反馈回答正确与否的装置。在"教学机器"支持下的程序教学，每一个小任务的完成，学生都得到积极的强化；学生们希望获得正确答案的愿望使其产生了极大的学习动力。学生每人一台教学机器，学生们能按自己不同的需求自定学习步调，在完成了上一学习任务后方可进入下一个任务的学习，最终掌握全部的学习内容。因此，程序教学是在教师指导监督下，学生使用"教学机器"中的程序教材进行的个别化学习，教师与学生、学生与学生的联系不再紧密，重点在于让学生自定步调地掌握现有知识。

程序教学在20世纪50年代创立以后，迅速地在美国、西欧、日本等国家推广开来，被广泛地用于语言学习、数学、地理、科学等学科的教学之中。程序教学存在这样一些问题：程序教学的策略单一；程序教材的编排死板不能满足学习者个性化的需要；仅仅是知识的学习，缺乏师生之间的交流，不能培养学生的创造思维及能力。因此，人们在尝试这种教学方式10年左右的时间后，逐渐放弃了这种教学模式。但程序教材的设计，却让教学设计有了具体操作任务，进而得到一定程度的发展。

2.20世纪60年代——"系统方法"的运用

20世纪60年代系统论在很多领域得到广泛应用，同样在教学领域也得到了应用。人们意识到，要想提升教学效果，仅仅考虑媒体是不够的，还需要考虑更多的因素。当把教学作为一个系统来看待，要改变这个系统的功能，就需要考虑改变系统构成要素之间的关系结构。一般认为教学系统是由学生、教师、教学内容和教学媒体（教学条件）四种要素构成的，其结构关系决定了该系统可能实现的功能。引入系统方法进行设计操作，才能对教师、学生、教学内容和教学媒体（条件）等要素进行综合考虑，协调要素之间的关系，制定出最优的教学策略，并通过评价、修改来实现教学过程的优化。系统方法在教学中的应用,集中表现为:教学设计时,把教学作为一个系统来看,将教学系统中的多个要素进行综合考虑后再做出教学方案。

3. 20 世纪 70 年代——与"认知学习理论"的结合

20 世纪 70 年代至 80 年代,是认知主义学习理论占主导地位的时期。由于认知主义学习理论揭示了学习活动中人的内部倾向和认知结构所起的能动作用,为教学设计提供了原理性的支持,使教学设计的操作更多地依赖科学原理,提升了教学设计的科学性和可操作性。这一阶段的教学设计,各步骤间有密切的内部联系。依据人类学习结果建立的设计方法,可以广泛迁移到同类学习结果的不同具体学习活动中且不受学科不同的限制。发展能力也成为一种可操作的设计活动。

加涅的学习结果分类理论,也使这一时期的教学设计有了更为具体的目标。

4. 20 世纪八九十年代——与"建构主义学习理论"的结合

自 20 世纪 80 年代末至 90 年代末,建构主义学习理论占据了主导地位,加之多媒体技术的日渐成熟,两者的结合促进了教学设计的新发展。建构主义者认为,传统学校中为获取抽象概念和规则的有结构的学习,难以培养出有创造能力的人,不能满足社会对创新型人才的需求。建构主义强调:学习的非结构性、具体情境的丰富性和学习中社会性的相互作用,学习的核心主体是学生,学生不再是沿着教师设计好的认知路线去获取知识结论,而是应该主动进行研究探索,且在真实问题情境和相应的实践活动中进行;学习内容也要广泛联系学生生活、自然与社会的实际;学习目标不再是单一的学科知识,而更看重的是在知识探索过程中不断生成的各种能力目标——多元目标;学习结果也必将是多元的,同时要求评价的多元化。

5. 21 世纪——整合化的教学设计

教学设计内涵的发展大致经历了"艺术过程"阶段——强调教学设计是一个艺术创作的过程;"科学过程"阶段——强调根据认知心理学的理论来科学地设计教学;"系统工程方法"阶段——强调将系统方法从工程学中引入到教学设计中;"问题解决方法"阶段——强调教学设计的目的在于创造性地解决教学问题;"强调人的因素"阶段——强调人在教学设计活动中的重要性,因此需要加强对教师和教学设计人员的培养。可以看出,上述几个阶段都是对教学设计活动某一特征的强调,它们并不是对立的,也并不是后者一定要代替前者的。教学设计的学习理论基础也经历了行为主义、认知主义和建构主义,而每种学习理论都有它可取之处。实际上,教学设计需要整合各种理论,发挥各个阶段的优势,针对学习者的需要设计出能促进学习者高效学习和成长的方案。能实现"根据学习者的需要,帮助学习者高效学习和成长"这一目标的教学设计,一定是将相关理论和方法进行充分整合的,且一定是具有科学性、艺术性、系统性、人本性的。因此,21 世纪的教学设计是整合化的教学设计。

三、教学设计的前提

教学是一项以帮助学习者学习为目的的事业。要做好这一事业,教学设计是必需的。在进行教学设计时,我们必须清楚教学设计的以下几个基本前提:

(一)教学设计必须是以帮助每个学习者的学习为目的

教学设计就是为了解决教学中的问题,提升学习者学习的兴趣和效率,使教学有效果、有效率、有趣而引起人的注意。教学设计还要创造有利于学习者的学习环境,确保学习者处于有利于其自身发展的环境和情境之中,让处于教育劣势之中的学习者得到改变。

因此帮助学习者学习,促进学习者健康地成长,是教学设计的最终目的。

(二)教学设计必须运用系统方法

教学设计需要考虑教学系统各要素之间的关系结构,考虑学习者及学习需要,分析学习任务,科学描述学习目标,设计出有利于学习者学习的教学事件并安排实现教学事件的流程。在这一系列的工作中,都要用到系统的观点和方法。

(三)系统设计的教学必须把"人类是如何学习"的知识和经验作为基础

教学和教学设计的终极目标就是帮助学习者的学习,如何才能达成这样的目标?科学地进行教学设计是关键。科学的基础就是能运用人类有关学习经验和规律来进行设计。因此"人类如何学习"的知识和经验是教学设计的基础之一。

(四)教学设计的主要外在活动形式是发现、分析和解决教学问题

教学设计的主要活动就是基于某一教学问题,设计出解决该问题的策略方案。因此发现教学问题,分析教学问题,设计解决该教学问题的方案就成为教学设计主要的外在活动形式。概括地说,教学问题实际上大多表现为学生的学习困惑。学生学习困惑的直接原因是某些学习行为或经验的缺失和不足。解决的途径是使学生获得相应的经验和能力,即产生相应的学习行为。教学设计者和实施者一定要本着"以人为本,以学习者为中心,直面现实生活"的思想,为学习者提供相应的学习机会并帮助学习者清除学习障碍。

四、教学设计的依据

(一)现代教育观念

现代大教育观,主要表现在以下八个方面:

(1)将教育从学校教育的视野中解放出来,形成了社会教育、继续教育及终身教育观。

(2)相信人人都有学习的潜能,承认、尊重和发展学生的个性。学生的自信心、创造力、决策能力、自律能力的提高对社会和个体发展都是至关重要的。

(3)教学的根本目的就是帮助学习者的学习,因此学习者是教学活动的主体。

(4)学习的最终结果是能力的提高。教学要创设相应的情境、鼓励和启发学生自己去探求、得出结论、解决问题,并逐步建立和发展自己的认知结构和学习策略,培养信息处理的能力,培养批判性思考、创造性思维和解决问题的能力。

(5)教学形式要多样化。

(6)利用多种媒体呈现信息。

(7)建立行为目标,增强评价的客观性。

(8)教学需要对话与合作。

(二)学习的信息加工过程

我们可以根据自身的经验、自我反思和对他人的观察来研究人类是如何学习的。

我们看到,个体在学习时,其外显的行为表现为:看、听、说、做、尝、嗅。当然我们也知道,这些外显行为表现一定伴随着内在的感知和思维过程。我们也总是在有意无意间在

说服他人采用我们自己认为好的思维方式。

加涅认为,学习是一个导致学习者的倾向与性能发生变化的过程,这些变化或多或少能在行为上反映出来。加涅提出了学习的信息加工模式,来表明学习的全过程,如图2-1所示。

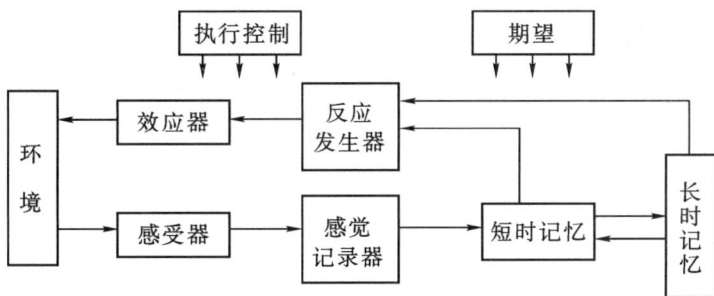

图 2-1　学习的信息加工模型

通过学习的信息加工模型,我们对学习本质的理解是:学习是个体通过感官接受环境的各种符号的刺激,由感受器到感觉记录器,再到短时记忆(工作记忆)。通过工作记忆的加工,部分信息进入长时记忆,部分信息通过反应发生器、效应器而反馈回环境。期望和执行控制是学习效率是否高的内在条件。期望如同我们常说的学习目标(是否明确);执行控制如同我们常说的学习方法(是否科学有效)。

(三)学习的结果

加涅的学习结果理论,明确给出了人们通过学习可能产生的五大类九个层次的学习结果:智慧技能有五个层次——辨别、具体概念、定义性概念、规则、高级规则;言语信息技能、认知策略、动作技能和情感态度。

这让我们在进行教学设计时,会思考:①我们的教学目标对应的学习结果是什么?②我们的教学可以帮助学习者习得哪些学习结果?

每个层次的学习结果,加涅对应给了一个性能动词:辨别——区分;具体概念——识别;定义性概念——演示;规则——运用;高级规则——生成;言语信息技能——陈述;认知策略——采用;动作技能——执行;情感态度——选择。加涅的学习结果理论,在我们制定学习目标时具有明确的指导意义,我们可以在目标阐述时,将性能动词放进去来表明教学目标是在哪个学习结果层次上的。这让目标更为具体和明确。

(四)学习的条件

要产生不同的学习结果,需要有不同的内外部条件。

1.学习的内部条件

学习的内部条件指的是学习者先天的生理、心理条件及已习得的性能(学习的结果)。比如,学习者的大脑神经系统、视觉、听觉、触觉和嗅觉、味觉的生理完好度和灵敏度,瞬时记忆广度(7 ± 2个)等;后天形成的性格和已具有的智慧技能、认知策略、言语信息技能、动作技能和情感态度等。

新的学习需要对应的已有学习结果作为基础。下面是几个例子:

辨别学习的内部条件是：在感觉方面,物理上的差异必须能引起大脑活动的不同模式。此外,个体必须具有所需的反应来表明差异是可以察觉出的,如说出"相同"或"不同"。其他可能的反应包括指出、打钩或在物体图片上画圈。不能学会辨别可能表明某种能力上的缺陷,如色盲或音盲。

具体概念学习的内部条件是：在获得具体概念时,必须回忆出辨别。另外正在学习的概念的属性必须与欲归入的类别的相关属性进行比较。这样,学习"不甜的酒"这一概念的个体必须能够区别不同的酒的味道,识别出"不甜的酒"的味道而且忽略酒的颜色。

认知策略的内部条件是：与要学习或思考的学科内容相关的原有知识(即智慧技能和言语信息)必须能被提取,这一点正如其他智慧技能一样。但需要指出的是,认知策略通常内在具有一种简单结构(如"划出主要观点""将问题分成几部分")。

2.学习的外部条件

学习的外部条件是指学习者的生活环境、学习情境、相关信息刺激等。

对于具体的学习,除了需要具备相应的内部学习条件以外,也需要相应的外部学习条件。教学就是为学习者提供存在于学习者之外的学习条件,即根据学习者先前习得的性能对学习情境进行规划、安排,对学习过程进行管理。下面是几个例子：

定义性概念学习的外部条件是：教学应尽可能遵循包括以下内容的模式:确定将要学习的概念;呈现概念的定义;呈现符合定义的正例和不符合定义的反例;提供练习,让学习者对概念的正例与反例进行分类,并给以矫正反馈;提供间隔练习以促进保持和迁移。

动作技能学习的外部条件是：为学习"执行性子程序",教员应从几种不同的交流中选择一种提供给学习者。

情感态度学习的外部条件是：以令人喜欢和可信任的方式呈现榜样;学习者回忆适当的先决性知识(选项和可能的结果);榜样交流或演示所要求的个人行为选择;榜样展示对其行为结果的愉快或满意,导致对目标行为的替代强化。

(五)学习的原理

学习的基本原理有以下三个：

1.第一原理：接近原理

接近原理的表述：刺激情景必须与合乎要求的反应同时出现。

我们对接近原理的解读是：一是刺激情景在空间上要与学习者接近——学习者能接受到信息刺激;二是刺激情景与学习者原有认知水平要接近——学习者要能理解刺激情景;三是要求的学习者的反应与刺激情景是接近的——要能同时出现。

例如,要实现让学生识别图片上的鸭子这一学习目标,刺激情景为一张有各种动物的图片,要求学生从中指出鸭子时,学生指出了鸭子,这就是刺激情景与合乎要求的反应同时出现了。

2.第二原理：重复原理

重复原理的表述：要想使学习有进步并能够可靠地保持,刺激相应的反应要重复或练习。

在我们的学习经验中,记忆中的很多信息的确是经过重复接受相关刺激得以保持的。但机械、单调的重复,其效果并不理想。所以重复不能是一个学习的基本条件,可以把它看成是一种练习方法,这种方法对确保学习的其他条件的出现是必要的。

3.第三原理:强化原理

强化原理的表述:一个新的行为的学习,倘若在它出现时有一个令人满意的事件(如获得肯定或奖励或某种成就感等)伴随其后,则其学习将会增强。

例如,爱玩游戏的学习者,在做完作业后,能玩 1 小时游戏,则玩一小时游戏带来的愉悦感,对前面的做作业就是一种强化。

强化可以是外部的,也可以是内在的。

例如,一个学生在完成了作业后,发现全部做对,自己很愉快。这就是对做作业的内在强化。具有内在强化能力的学习者又称之为具有"自我激励"能力的学习者。

五、教学设计目前存在的问题及发展趋势

(一)问题

1.理论与实践的结合不够

教学设计产生发展几十年,在学者们的努力下,理论体系正逐步完善。也有不少教育者在将其理论用于教学实践之中,且取得了不少的成果。但总的来说,教学设计理论与实践还局限在教育技术学专业群体中。作为教学设计理论应用的一大群体——各级各类学科教师,知道并掌握了教学设计理论的人数还太少,就像美国学者乔伊斯所说:有很多行之有效的教学模式,但知道它的人却还很少;教师专业化,就是能应用研究成果去改革现有教学。由于以前的师范教育不开设教学设计课程,目前从事教师这一职业的人中,绝大多数没有学习过教学设计相关理论,这就使得教学设计理论与教学实践的结合还有一定的距离。要改变这一状态,一方面是对现有师范生开设教学设计相关课程;另一方面是加强在职教师的职后培训,让他们在教学实践经验的基础上掌握教学设计的基本原理和方法,更好地应用其解决教学中的实际问题,在实践中丰富教学设计理论。

2."可操作性"体现不充分

教学设计,作为教育技术中的核心技术,具备所有技术都有的特性——操作性。但目前由于实际应用不足,其操作性还不够凸现,这需要在实践中不断总结提炼。教学设计是连接教育教学理论与教学实践的桥梁学科,真正要担当起这一任务,形成和完善其科学的操作程序是非常重要的。

本书在教学设计"如何做"部分尽量解决教学设计可操作性不够突出的问题,尽量充分体现出教学设计作为一种"技术"的可操作性。

本书提供的一些案例也较好地体现了教学设计"理论联系实践"的桥梁作用。

(二)发展趋势

1.更多地关注学习者

教学设计的目的是为了更好地帮助学习者学习,所以要转变传统的从完成教学任务出发,从分析教材着手的教学设计思维,更多地关注学习者的需要、学习者的特征和学习风格,设计出适合学习者的学习方案,并为学习者提供合适的外部学习条件。

2.注重运用媒体创设学习情境

教育技术可以看成是媒体技术与教学设计技术的综合体,因此注重媒体技术在教学

中的应用,是教学设计时要考虑的一个重要因素,目的也是为了更好地为学习者提供外部学习条件。通过选择使用合适的媒体,拉近学习者与学习内容之间的距离,使学习者更容易接受相应信息去建构自己的认知结构,这也符合学习的基本原理(接近、重复、强化)。

3.注重教学资源及活动的设计

要实实在在帮助学习者,使他们通过我们的教学获得多种学习结果(智慧技能、言语信息技能、认知策略、动作技能和情感态度),一是要为他们提供易于接受和理解的、承载有组织的信息(知识)的各种符号。这涉及教师对教学资源的设计及开发能力。二是为了学习者的能力发展设计出合适的学习活动,让学习者通过这些活动获得相应的能力。这就涉及了教师对教学活动的设计能力。

4.关注学习绩效问题的解决

传统学校教育中,以班级为单位的集体教学是主要表现形式。由于一个班学生人数众多,教师难以关照到每一位学生,致使课堂教学即使是做了充分设计和准备的,也难以做到让所有学生都在自己已有水平的基础上尽可能地掌握新的知识和技能,从而造成部分学生学习低效或无效的情况。在网络技术及通信技术日益渗透于我们生活方方面面的今天,在进行教学设计时,应充分考虑应用合适的课程网络平台和移动通信平台来创设必要的媒体环境,让学生能自主进行课前、课中和课后的学习,教师也可以随时跟踪学生,及时提供学习帮助。如果改革课堂教学形式,将集体教学、小组学习及个别化学习有机结合起来,设计好形成性评价形式,做好过程评价和终期评价,一定能有效解决学生学习低效或无效的情况。

5.关注有效教学模式的应用设计

在人们的教学实践中,有不少精心设计并在教学实践中不断完善的有效教学模式。例如在布鲁斯·乔伊斯等编著的《教学模式》一书中的教学模式。可以将这些模式用在不同的课程教学中,因为课程内容及学习对象的不同,需要针对具体学习者和具体学习内容进行教学模式应用的再设计。如何才能更有效地进行教学模式应用的再设计,这也是目前我们在做教学设计时关注的内容之一。

六、教学设计的理论基础

教学设计的理论基础很多,在此,我们着重谈谈学习理论、教学理论、传播理论和系统理论与教学设计的关系。

(一)学习理论与教学设计

学习理论为教学设计提供了人类学习活动过程中的相关规律,据此可以设计出遵循学习规律、更加符合学习者个性的教学设计产品。学习理论促成了教学设计理论及操作技术的建立和发展。

从早期的行为主义到认知主义,再到建构主义以及人本主义思想的出现,学习理论经过近百年的发展,形成了几种结构比较稳定的体系流派。由于不同的学习理论形成的时期不同,容易给人造成一种误解:早期的学习理论已经过时,只有目前颇为流行的建构主义等学习理论才是指导教育改革的先进理论。但实践证明,建构主义也并非完美无缺,许多学者也对其进行了反思。其实,这几种学习理论都是各派心理学对人类学习现象不同角度、不同层面探索的结果，都有其合理和不足之处。面对信息时代日新月异的社会结构和技术要求，传统单一的学习理论已经不能满足目前复杂的学习情况与需求，因此我们在应用这些理论指导教学设计时，应充分考虑到各种理论的合理之处，避免其不足之处，将多种理论进行整合。学习理论的整合，应在人本主义思想指导下，寻找各种学习理论进行整合的切入点，分别从强化方式的转变、学习态度的改善、学习环境的建构方面去探索和构建学习理论的整合体，用整合后的理论指导教学设计活动与相关实践活动。

我们在用行为主义学习理论指导教学设计时，要注意选取合适的强化物，不能简单地使用单一的、机械的、学习者只能被动接受的强化物。美国心理学家罗伯特·斯莱文针对人这种具有极强社会性的高级动物，提出了强化物的使用原理：最好使用那些能起作用的，但是属于非物质的强化物，强化物从最不物质化到最物质化依次排序为：自我强化—表扬—关注—评定和认证—家庭强化—特权—活动强化物—自由支配的时间—物质强化物。特别值得一提的是排在前三位的强化方式：自我强化，指教授学生进行自我表扬；表扬和关注，指学生受到自己敬仰的成人或同伴的关注和认可。人本主义学者认为学习的根本目的就是人的"自我实现"，即培养学生自我意识，塑造个性，而自我强化、表扬、关注正是作为一种精神方面的刺激冲击学习者的情感，我们称之为高级强化——心灵层次的强化方式。它和食物等本能层次的低级强化结合，部分弥补了行为主义只注重外部的机械刺激忽略人的内心感受这一缺陷。高级强化的另一种更合适的表达应该为"养成"，因为学生尤其是幼儿，他们的心灵世界非常单纯，他们充分相信成人（心中的权威）所说的话，如果此时家长或教师经常表扬孩子们，如同给予孩子们精神食粮，孩子们就会接受这份营养，感受到自己棒棒哒，并将外部刺激转化为内部的信念，从而帮助孩子们形成美好正确的人格。正如人本主义倡导者罗杰斯先生所说的那样：人性的本质是积极、理性的，那么，就需要挖掘出与生俱来的人性，恢复其本来面目。

我们在用到认知主义学习理论指导教学设计时，要特别注意对学习者学习态度的关注。有效的学习在于使学习具有个人意义，这是人本主义的核心观点之一。什么是使学习具有个人意义？我们认为就是指学习者在学习某种知识前已经处于希望接受的准备状态，认为这些知识是具有实用价值的，即已形成良好的学习态度。学习态度可以看作是形成认知技能的基石。没有良好的情感因素作为支撑，认知技能无法真正形成。正所谓知之者不如学之者，学之者不如乐之者。对学习态度的关注，就是要将人生来就有的学习兴趣激发起来，把个体对世界的好奇心引导出来。这就要求教师要能运用恰当的方法策略。恰当的案例和适当的设问都能引起孩子们的注意和好奇。同时，要尊重学生，只有当学生受到尊重时，他们才能更好地形成自我意识，实现自我发展。同时，教师运用行为主义理论中的"高级强化"在行动或语言等多方面满足学生的心灵需要。当学生觉得自己被尊重着，并被老师或同伴期待着的时候，即使谈不上喜欢某门课程的学习，但至少不会讨厌这门课程的学习。

我们在用到建构主义学习理论时，特别要注意的是学习环境的构建。人是群居的动物，人的学习离不开社会和团队活动。学习是在一定的情境即社会文化背景下，借助他人的帮助即通过人际间的协作活动而实现的意义建构过程。因此建构主义理论非常强调学习环境的创设。根据人本主义学者马斯洛提出的需要层次理论（人类成长最顶层的需要是自我实现的需要），在课堂中，学生会不断接受有关自己学业表现的各种信息，这些反馈信息最终将影响学生的信念、价值观和基本态度，它是学生进行"自我实现"的基础。一方面，教师的情感态度将感染学生，饱满的热情和对学生的积极肯定的态度，将使学生得到一种满足感，消除对学习的恐惧（失败被嘲笑）。感到被教师接纳和尊重，学生就更有可能因为喜欢教师而喜欢学习，并乐于去创造和冒险，乐于接受新观念，形成良好的学习态度。另一方面，同学之间也存在着信息的输出和传递，有着不同学习经验的同学，彼此信任、相互鼓励、多向交流，实现知识共享。在此过程中，学生们将逐渐形成学习的主体意识，体验到知识的贡献者的感受，形成一种以真实、尊重和理解为特征的氛围。如果能构建出上述学习生态环境，一定能让每个学习者在这"绿色"的学习环境中快乐成长。这也是我们进行教学设计时特别值得关注的学习生态构建问题。

总之，教学设计时需要根据具体教学问题，综合各种学习理论流派的精髓，将其整合后用作教学设计的依据，最终的方案必定能达到科学解决教学问题的目的。

（二）教学理论与教学设计

教学应该是帮助学习者学习以成为知识、行为、情感全面发展的人的活动。

学习的产生需要有内部的条件和外部的条件：内部的条件取决于学习者的情感、态度和原有认知技能水平；外部的条件取决于学习者学习的外部环境的构建。教学是一种为学习者提供外部条件的活动。

教学作为一种社会活动，一定要遵循其根本规律，才能实现其目标。

要进行教学设计，不但要有正确的学习观，还要对教学规律有清楚的认识，因此教学设计同样需要将教学理论作为其理论基础。

教学理论的主要任务是揭示教学的本质和规律。对教学理论的主要论述形式是教学论。教学论的主要内容包括：教学的本质、教学系统要素及关系、教学活动及教学方法、教学遵循的基本原则等。其中直观性原则、启发性原则、科学性原则、理论联系实际原则、循序渐进原则、因材施教原则等对教学设计具有指导意义。

教学设计的产生是教学理论发展的需要，古今中外教学理论的研究和发展为教学设计提供了丰富的科学依据，教学设计与教学理论的相互影响、相互作用必然会促进双方的进一步发展。

（三）传播理论与教学设计

从传播学的角度来看，教学是一个传播教育信息的过程。谁传、传什么、怎么传、传给谁、传的效果如何这五个传播过程的要素，在教学中就对应着教师、教学内容、教学媒体、学生和教学效果。

传播理论所涉及的如何分析传播要素，如何寻找要素之间的关系，如何建立传播模型等，对教学设计均有启示作用；传播理论指出传播过程的双向性，为师生互动活动的安排提供了理论基础。随着教学设计理论研究及实践的深入，对教学活动这一特殊的传播过程的研究势必有新的结果，这些研究结果将丰富原来的传播理论。因此，教学设计与传播理论的关系也是相互依赖、相互补充的。

（四）系统理论与教学设计

系统理论的核心思想是关注系统的构成要素、要素间的结构和系统的功能之间的关系。教学作为一个系统,构成它的要素是学生、学习内容、教师和学习环境(含教学媒体)。教学实现的功能由构成它的要素之间的结构关系来决定。因此,教学设计必须要考虑学生、学习内容、教师和学习环境,教师要明白需要教学实现什么样的功能,然后创设相应的学习情境(学生、内容、环境和教师的相对稳定的关系),学生在此情境中开展学习活动以建构知识、锻炼能力。因此,系统方法是教学设计的核心方法,运用系统理论指导的教学设计更具科学性和可操作性。

七、教学设计的一般过程模式

(一)教学设计模式的界定

模式是再现现实的一种理论化的简约形式。

教学设计主要解决三方面的问题:第一,"什么是"教学设计;第二,"为什么"要进行教学设计;第三,"怎么样"去进行教学设计。重点在第三,"怎么样"或如何去"做"。因此,从这个意义上讲,教学设计应该是一种操作性理论。

教学设计在"做"的层面上,有三种类型的操作:一是调整教学系统要素(学生,教师,学习内容,媒体与环境)之间的关系结构,使其更符合"帮助学习者学习"的目标。这一层次的教学设计我们称之为教学结构设计。二是设计并构建教学事件的逻辑关系。这一层次的教学设计我们称之为教学过程设计。三是综合改变教学结构与教学活动过程,这类教学设计,我们称之为教学综合设计。

而上述三类教学设计的设计过程,都可以用一套程序化的步骤来表示。教学设计过程的程序化步骤,我们称其为教学设计过程模式。

教学设计过程模式是在教学设计的实践当中逐渐形成的,运用系统方法进行教学设计的理论化的简略形式。

过程模式具有多个阶段和多种表述。但所有教学设计过程模式都包括三个基本阶段:前端分析(学习者、学习需要、学习内容、学习目标)、教学策略的制定和教学评价设计。

(二)教学设计的一般过程模式

针对课程教学,我们可以从目前多种不同的过程模式中抽出一些基本的组成部分,如学习者分析、学习需要分析、学习内容分析、学习目标阐明、教学策略的制定和教学评价设计等。

教学设计的一般过程模式也可以用三个阶段来表示:第一个阶段是前端分析,包含了学习者分析、学习需要分析、学习内容分析、学习目标的阐明;第二个阶段是教学策略的制定,包含了对教学形式的选择、教学方法的选择、教学媒体的选择、教学活动的设计;第三个阶段是教学评价设计,包含了教与学的评价设计,对学习结果的评价(形成性评价、总结性评价)设计。

具体来讲,学习者分析,也就是平时我们讲的教学对象分析,包括对学习者一般个性心理特征的了解,对学习者学习风格的测定和学习者初始技能的评定等。学习需要分析,包括分析期望达到的目标,目前的水平,差距有多大,分析问题并确定问题解决的目标。学习内容分析,为解决问题选择合适的学习内容,对确定的学习内容进行具体的任务分析。学习目标的阐明,针对具体学习任务,编写行为目标。教学策略的制定,为实现目标,选择合适的教学组织形式、教学方法、教学媒体(选择、设计和开发相应的教学资源),设计合适的教学活动及活动程序。教学评价设计，为了促进教学绩效，设计形成性评价方案和总结性评价方案。

　　图2-2是我们给出的教学设计过程的一般模式图，包括课程教学设计的核心要素。它是在乌美娜教授主编《教学设计》中给出的教学设计的一般模式基础上的修正。主要是将学习者分析放在了前端分析的首位，依据是教学是以促进学习的方式影响学习者的一系列事件，如果不了解学习者的具体情况，就不能科学确定教学目标和内容。

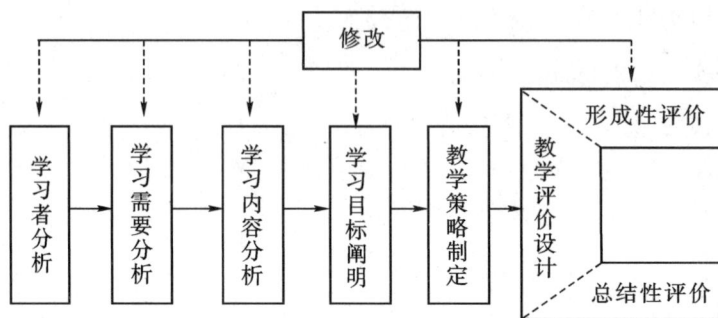

图2-2　教学设计过程的一般模式

思考与行动

1. 你认为教学设计是什么？不是什么？
2. 你认为教师在进行教学设计时应该考虑哪些要素？
3. 选定一个主题，尝试撰写一个教学设计方案。

❖ 学习成果记录

第三节 教学设计的逻辑

知识要点

一、为什么要进行教学设计

唯物主义哲学让我们知道,这个世界没有神。神是人类社会发展进程中人为树立的一种信仰,目的也是引人向上、向善、向好。我们知道没有神,却不能没有信仰。我们的信仰应该是什么呢? 就是当人人都向上、向善、向好,并努力去践行之,我们的世界一定会变得更加美好。在这里我们可以把神性理解为人类为成为地球上最崇高、最完善、最美好的生物而努力的一种自觉。

教学是帮助学习者学习的专业性事件。学习是一个人成为"地球上最崇高、最完善、最美好的生物"的必需的过程。因此,从这个意义上讲,教学就是帮助人成为"地球上最崇高、最完善、最美好的生物"的过程。如果我们把"人人都有向上、向善、向好的潜质"理解为人之本性(人之初,性本善),教学要做的就是帮助学习专业知识的同学,帮助他们挖掘出他们身上的人性,正所谓"教书育人"。

由于每个人的生长环境不同,当学习者与我们相遇时,他们身上的学习基础会有差异,我们怎样才能有效地帮助他们? 这是我们要面对的首要问题。任何学科专业知识中都有一些是易于理解和掌握的,也有很多部分是难以理解和掌握的,怎么的信息呈现方式可以帮助学习者理解信息本身呢? 这也是我们要面对的问题。再者,帮助学习者学习专业知识的同时,如何挖掘出他们"向上、向善和向好"的潜质,真正做到知识、能力和情感多方面的教学目标? 这是我们要面对的第三个问题。教学设计就是来解决这些问题的一种方法和具体的操作程序。

因此,我们可以说,教学设计是为了帮助学习者有效地学习,是为了帮助学习者开发其多元智能,解决诸多教与学的问题的一种实践研究方法。

二、为什么进行学习者及学习需要分析

教学设计首先要对学习者、学习需要进行分析。教学的目的在于帮助学习者更为有效地学习,使他们在学习过程中形成多种能力。如果不了解学习者的基本情况、学习风格及初始能力等情况,不知道学习需求,就不能做到有针对性地给予帮助。学习者的基本情况包括学习者的年龄、性别、生活环境、一般喜好等。学习风格是影响学习者感知不同刺激并对不同刺激做出反应的所有心理特征。对学习风格的分析有利于我们为学习者准备能促进其产生积极反应的刺激符号。初始能力分析能方便我们确定学习者的最近发展区,并因此来为学习者选择和确定相应的学习内容。

三、为什么要分析学习内容

学习内容一定要符合学习者的认识水平,应该是在学习者的最近发展区内逐渐递进的。同时,学习内容本身的逻辑层次决定了为学习者提供的信息层次。学习内容既要满足一定的社会需要,又要满足学习者自身发展的需要。对学习者难以理解的复杂学习内容,还要分析其构成,要对其进行拆分,一点一点呈现给学习者,并让他们通过自己的思维

加工将各拆分下来的知识点用学科逻辑链串接起来形成一个整块知识。

四、为什么要描述目标

当对学习内容进行分析和确定后，在我们的帮助下，最终学习者通过本部分的学习了解、理解和掌握了什么，我们需要在课后通过学习者的相应行为来予以明确，并由此对我们的教学和学习者的学习进行评价。了解、理解和掌握都是我们寄希望学习者的一种学习结果，但并没有明确区别"了解""理解""掌握"分别意味着学习者能做什么，有什么不同，如何检测。因此让学习者了解、理解和掌握相关知识技能可以作为教学目标来描述（站在教的立场），是教师自己给自己的教学定下的目标。对于学习者来讲，他们更关心和想知道的是，通过学习后，他们能做些什么。因此，我们对学习目标的描述尽量站在学习者的立场，用具体的行为动词来加以表述。通过我们对学习目标的描述，学习者可以明确学习后能做些什么，教师可以通过学习者课后的行为表现来评价教学是否达到目标。好的目标描述一方面能引导学习者把握学习的重点，通过做来展示获得的学习结果，具体的学习结果让学习者有明显的成就感；另一方面也为教师对教学进行评价提供标准和依据。

五、为什么要制定教学策略

制定教学策略，是教师为实现一定的教学目标而对教学组织形式、教学方法、教学媒体资源和教学程序的总体考虑。在了解学习者及其学习需要的基础上，我们选择了合适的教学内容，并对学习者学习这些教学内容后的目标进行详细描述，接下来就要考虑，为实现上述目标，怎样的组织形式、教学方法，什么样的教学媒体和教学活动程序更易于目标的实现。在这一过程中，最为重要的是针对学习内容的学习活动设计。学习活动要能吸引学习者充满兴趣地主动参与，充分体现三大学习原理——接近、重复和强化的本质。活动之间要能体现出学科逻辑的递进关系。加涅认为教学就是由一个一个有着逻辑关系的教学事件组成的过程，我们认为教学活动也就是一个一个的教学事件。

因此，在制定教学策略中，针对学习者、学习内容和学习目标，选择合适的教学媒体资源，对教学活动（教学事件）进行具体设计并对教学流程进行设计是最为重要的，也是最能体现教师个人教学创新能力的部分。

六、为什么要进行教学评价设计

教学设计的目的是更好地帮助学习者获得学科知识，培养学习者分析解决问题的能力和积极的面对人生的态度。针对课堂教学设计，在课堂教学实施以后，学习者是否达到了相应的学习目标，只有通过评价才能得知。而怎样评价才是科学的、用什么样的评价手段和方式才能得到学习者真实的学习结果是我们必须考虑的问题。当评价的设计方案做好了，在课堂教学设计方案实施以后就可以将其付诸实践，评价出课堂教学质量的高低，为进一步改进教学提供客观依据。这也是教师进行教学反思的一项重要内容。

七、教学设计是如何促进教师成长的

我们说，一名教师可以通过自己多年的教学实践，不断总结经验和改进教学而成为一名优秀教师。但仅仅靠个人经验的积累有局限，一是花费时间长，二是并非每个教师都能做到靠自己的经验找准方向并成为一名优秀教师。

教学设计的理念和程序方法能给每一位学习过它的人明确的方向和一套行之有效的

方法程序,只要按此去实践,就能很快掌握它的要领,很快提升教学的效率,还能不断发现教学中的问题,并针对问题给出解决方案,在教学实践中尝试解决它。在此过程中,教师的创造能力得以发挥,当自己的设计方案出现预期成效时,那份满足和欣喜又将引领教师不断坚持在教学第一线去解决遇到的各种教学问题。教师发现问题和解决问题的能力必然会不断提高,教育教学方面的研究能力也自然会有提高,在合适的时候教师就会将其成果总结成论文来发表,以期用好的经验和方法影响更多的同行。因此,我们认同:教学设计是一种基于解决教学问题的研究方法。

传统教学中的优秀教师,主要指"讲"得好的教师。通过教学设计的学习,教师们将明白,好的教学不仅仅是"讲"得好,更多地应该关注:是否"学"得好。而要"学"得好,让学生的多种能力都能得到发展,光是教师"讲"是做不到的。教师需要根据学生的实际学习需要,设计开发相应的教学媒体资源和教学活动,并组织实施,及时评价学习结果,及时改进资源与活动,给学生及时的学习反馈,促进其学习目标的达成。这样将从根本上转变教师以"讲"为主的教书匠的形象,教师的新形象将是课堂的主持人、学习的组织者、帮助学生成长的教育家。

每一个教师都是具有不同个性的人,其设计只要能达到帮助学习者学习和成长这一最终目标,其教学设计中的个性化元素是应该有所体现和保留的。因此,任何一个学校都应该给教师自由发挥的空间,让他们通过自己的创意表现,形成具有个性化的教学设计风格。学校应该给出大的方向,然后鼓励教师们创新。这样的学校一定是具有生气和活力的学校。

思考与行动

1.为什么要进行教学设计?请谈谈你的观点。

2.你认为教学设计的哪个环节最能发挥出教师的创造力?

_____

_____

_____

_____

_____

学习成果记录

第二部分 教学设计的一般性程序方法

　　教学设计是运用系统方法,分析教学问题、确定解决教学问题的策略方案、试行解决方案、评价试行结果和对方案进行修改的过程,是一种有目的的创造性的活动,具有系统性、计划性和可操作性特征,因此它有一般性的程序方法。教师在进行教学设计时,要掌握和遵循教学设计的程序方法,才能顺利地从一名新手教师成长为一名合格教师,并在教师专业发展的道路上走得更远。

　　本部分主要解决与"如何做"有关的问题,在第一部分提出的教学设计一般过程模式的基础上,针对模式中的每一个要素进行详细的介绍,同时也提供相应的操作方法与具体应用案例。

第三章　学习者分析

案例

在德国的一个国防部附属学校里,查理所带的五班是由士兵子弟组成的。班里大多数孩子的父母都刚被派往阿富汗执行一项把某机场从反对势力中解放出来的任务。查理认为,他能做的就是让孩子们忙于学习,于是他准备让孩子从观看一些电影剪辑来学习写作。

当他准备播放时,却在学生的脸上看到了一种非同寻常的压力。他问道:"发生什么事了?"没人回答。"你们都在担心吗?"他又问。"我们很担心。"一个学生大声回答,其他人也纷纷表示认同。

"好吧,那我们一起来面对这个问题。你们想聊聊吗?"查理重新调整了教学思路。

"我不知道该说些什么,我好像被冰封了。"A同学说道。其他同学表示认同。

"那是一种什么感觉呢?"查理问道。

"我几乎无法活下去了,我像是藏在一个洞里面。"

"那倒是一个放东西的好地方。"B同学说道,"好像我在某个地方,使劲排斥正在发生的事。"

"你好像很害怕——很害怕,但你不能克制,所以你想把它隐藏起来,并远离它。"C同学说道。

学生们目不斜视地盯着查理。查理继续让他们进行描述,像前面几位同学一样把自己的感受讲出来。

"你们知道吗? 我们都会害怕。"查理说。每个人都再次点头表示认同。"我们能害怕是一件好事情,这并不是疯狂的,因为危险的确存在。"现在同学们开始对视并点头表示理解,但他们依然很痛苦。

"问题是我们必须支持父母,虽然我们也感到恐惧、焦虑,但是还要继续下去,使自己保持积极向上的态度。"学生们都表示赞同。"好吧,让我们直面问题,解决问题吧。"

查理开始引导孩子们把面对的问题写下来,把自己准备如何去解决问题也写出来。

同时,查理想到,可以做一项调查,看看孩子们是如何处理刚刚讨论的那个问题,用到什么方法来帮助到自己的父母……

——布鲁斯·乔伊斯等《教学模式》

名人名言

有的长于德性,有的长于言语,有的长于政事,有的长于文学……自始自终,要按学生的年龄及其已有的知识循序渐进地进行教导。

——夸美纽斯《大教学论》

教学设计的一切活动都是为了促进学习者的学习,教学目标是否能够实现,要在学习者自己的认识和发展过程中体现出来,而作为学习活动主体的学习者在学习的过程中又是以自己的特点和风格来进行学习的。因此,要获得可行且有效的教学设计方案,就必须重视对学习者的分析。

学习者分析的目的是为了解学习者的学习准备情况及其学习风格(或先天因素和后天习得的特征),为学习内容的选择和组织、学习目标的阐明、教学形式的确定、教学方法与媒体的选用、教学活动的设计等提供依据,从而使教学真正促进学习者智力和能力的发展。

学习者分析主要从三个方面来进行:一是学习者的一般心理特征,二是学习者的学习风格,三是学习者现有水平——初始技能。

第一节 学习者一般心理特征的分析

学习者一般特征指对学习者学习有关学科内容产生影响的生理的、心理的和社会的特点,它们与具体的学科内容虽无直接的联系,但影响教学设计者对学习内容的选择和组织,影响教学方法、教学媒体和教学组织形式的选择和利用。

📝 **知识要点**

一、心理发展的阶段特征

心理发展的阶段特征,是指在人的发展过程中,一定年龄阶段所具有的一般性、本质性的典型特征。不少学者对此有研究和论述。目前,大多数还是接受著名心理学家皮亚杰通过长期观察研究,归纳出的儿童心理发展的四阶段——感知运动阶段(0~2岁)、前运算阶段(2~7岁)、具体运算阶段(7~11岁)、形式运算阶段(11~15岁)。如果按联合国教科文组织把0~18岁划分为儿童来考虑,还缺少15~18岁这个阶段儿童的心理特征分析,这也给我们留下了发展皮亚杰儿童认知心理阶段理论的空间。我们把这一阶段叫作逻辑运算阶段。每个阶段儿童大致的心理特征如下:

1. 感知运动阶段(0~2岁)

这一阶段是人智力与思维、情感的萌芽阶段,其重点是发展其感观能力和运动能力。现代感统训练就是基于此开展的。

2. 前运算阶段(2~7岁)

这是以上一个阶段中儿童在头脑中有了客观世界的表象且能用词语将其联系和表述出来为基础发展起来的新阶段。在此阶段儿童有了初级概念——从实际经验中学得的概念,能设想过去与未来的事物。因其知觉成分在认知结构中所占的比重大,其思维还只是处于直觉思维状态。

3.具体运算阶段（7～11岁）

这个阶段儿童的思维水平有了质的变化，不再是单凭表象和知觉考虑问题。已有了抽象概念并能进行逻辑推理，能理解和使用第二级概念及其关系。第二级概念是指通过儿童原有的概念，以下定义的方式所获得的概念。因此，在获得和使用第二概念时，儿童需要实际经验作支撑，借助具体形象的事物来进行逻辑推理。

4.形式运算阶段（11～15岁）

这个阶段的儿童，不依赖具体实际的经验，也能理解和使用相互关联的抽象概念了。其思维特征表现为假设—演绎思维、抽象思维和系统思维等。在这个阶段，认知结构逐渐完整和成熟。

5.逻辑运算阶段（15～18岁）

这个阶段的儿童，思维发展已接近成人，能通过逻辑推理来对所学知识和接受的信息举一反三，将获得的知识根据其逻辑关系加以编排，形成符合逻辑的认知结构。

二、智力与非智力发展的一般特征

心理发展的年龄特征有时也用智力因素和非智力因素来描述。什么是智力因素呢？我们可以运用加涅的学习结果分类理论来给予说明。加涅将学习结果分为五大类：智慧技能、认知策略、言语信息技能、动作技能、情感态度。智慧技能又涉及辨别、具体概念、抽象概念、规则和高级规则。尽管所有学习结果的形成都离不开智慧技能，不过智力因素我们通常指智慧技能和认知策略，言语信息技能、动作技能和情感态度归于非智力因素。

对应于感知运动阶段（0～2岁），其智力因素是对客观物体的辨别能力和具体概念的形成；非智力因素中言语信息、动作技能处于形成的关键期。

对应于前运算阶段（2～7岁），其智力因素是对客观物体的辨别能力、具体概念、少量抽象概念和简单规则的形成；非智力因素中言语信息、动作技能和情感都处于形成的关键期。

对应于具体运算阶段（7～11岁），其智力因素是客观物体和事物的辨别能力、具体概念、抽象概念、规则和一些简单高级规则的形成，初级认知策略的形成；非智力因素中言语信息、动作技能和情感处于快速发展中。

对应于形式运算阶段（11～15岁），其智力因素是对事物的辨别能力、具体概念、抽象概念、规则和高级规则的形成以及认知策略的形成；非智力因素中言语信息、动作技能和情感也处于快速发展中。

逻辑运算阶段（15～18岁），该阶段学习者的智力因素都已形成并趋于成熟，同时其非智力因素也逐步形成并处于稳定发展中。

在传统的学校教育中，容易出现的问题是：仅仅重视智力因素的培养（其中还忽视了认知策略的学习），忽视非智力因素的培养，学生非智力因素的发展处于放任自流的状态，学生间的非智力因素的发展呈现差异性和不均衡性。学生的全面发展，应该是智力因素和适应并能促进社会发展的非智力因素的协同发展，这也是素质教育的具体体现。

三、成人的学习特征

大学以后的学习者，其智力与非智力因素都发展成形，他们的思维有了更高的抽象性和理论性,由逻辑思维向辩证逻辑思维发展;观察事物的目的性和系统性进一步增强,能按程序掌握事物的本质属性的细节特征;思维更加深刻,思维的组织性、批判性和独立性进一步发展,注意更为稳定,注意的范围进一步扩大。

上面是对人类心理发展普遍性的描述。由于学习者个体和群体所处环境存在差异,其心理发展也会有所不同,因此在具体实践中,对学习者个体或群体一般特征的准确了解,需要采用观察、采访(面试)、填写学生情况调查表和开展态度调查等方法来获得相应的信息。

思考与行动

观察身边的儿童,找到同龄儿童的 2～3 个共同特性。

_____

_____

_____

_____

_____

✦ 学习成果记录

第二节 学习者学习风格的分析与测量

学习者由于先天或后天的原因,会造成其感知不同刺激和对不同刺激做出不同的反应。为了描述学习者这种内在的特征——学习风格,需要通过其外在表现来分析。

知识要点

一、学习风格的定义

学习风格是指对学习者感知不同的刺激并对不同的刺激做出反应这两个方面产生影响的所有心理特征。

学习过程也就是学习者接受信息并加工信息再反作用于环境的过程,除了外界的影响外,自身的心理特征也会对这一过程产生积极或消极的影响,这些影响学习过程的心理特征称之为学习者的学习风格。

二、学习风格的组成

克内克(F. G. Knirk)等人曾指出,教学设计者为向学习者提供适合其特点的个别化教学,最好能掌握下列有关学习者的情况:①学习者信息加工的风格;②学习者感知或接受刺激所用的感官;③学习者的感情的需求;④学习者的社会性的需求;⑤学习者对环境的需求。

学习风格主要包括:学习者在信息接受及加工方面的不同方式;对学习环境和条件的不同的需求;不同的认知方式和不同的个性意识倾向。

1.信息接受及加工方式

信息加工方式及对环境条件的需求主要涉及学习者视觉、听觉、触觉、味觉、嗅觉对相应信息感知的灵敏度和选择性感知情况,对环境中光、热、声的选择性感知,对学习位置、方位、姿势等的喜好等。

2.认知方式

认知方式指头脑中的操作过程如何进行,即人们在对信息进行组织和加工的过程中表现出来的个别差异,表示了人的知觉、记忆、思维以及解决问题的能力等方面的特征。学习者在认知方式上的个别差异问题已引起心理学家和教育学家的关注,并已成为设计个别化教学的依据之一。目前,依据在认知方面的差异,学习者可分为场依存型和场独立型、沉思型和冲动型、概括者型和列举者型等。

在众多的认知方式中,由威特金(H. A. Witkin)提出的场依存和场独立是近年来研究较多的一种。场依存型的学习者在认知活动中,不那么主动对外来信息进行加工,倾向于以外在参照作为信息加工依据,即知觉对象是什么样就看作是什么样,通常很难从包含的刺激的背景中将刺激分辨出来,所以他们的知觉很容易受错综复杂背景的影响。场依存型的学习者偏爱有组织的学习环境,场独立型的学习者偏爱自己安排相对独立的学习环境。

深思型的学习者,努力寻求正确的答案,在没有正确答案前绝不轻易发言;冲动型的学习者则是喜欢在第一时间发表自己的见解,不管是否正确。沉思型的学习者在有几种可能解答的问题情境中,倾向于深思熟虑而错误较少;而冲动型的学习者则倾向于很快地作出反应和检验假设,且常常不够准确。冲动与沉思涉及在很不确定的情境中对自己的解答的有效性的思考程度。研究表明,这两种方式在学习上存在差异。沉思型学习者在阅读、推理测验和创造设计中的成绩较好。相比之下,冲动型学习者存在一定的阅读困难,学习成绩常不理想。

概括者型的学习者,注重观念的整体方面,喜欢接受高度概括后的信息;列举者型的学习者,注重个别的方面,喜欢接受陈述和列举出多个相关事实的信息,然后自己从中悟出道理或规律。

3.个性意识倾向

学习者的个性意识倾向主要指控制点、焦虑水平和生理类型的差异——左右脑功能优势等。

控制点指的是学习者对学习结果的归因指向,分外控型和内控型。外控型的学习者常常把学习结果的归因指向外部原因或运气的好坏;内控型的学习者会把学习结果归因于自身学习的能力水平和身心状态。

焦虑水平指的是学习者遇到逆境或压力时的心理反应程度。焦虑水平高的学习者,容易在遇到对自己来说是大事情的时候,产生焦虑情绪,严重地影响到睡觉吃饭等日常活动;焦虑水平低的学习者,不管遇到多大的事情,只要不是身心能感受到的压力和痛苦,都一如既往,不会努力去改变事态的发展。大多数人是处于中焦虑水平的。适当的焦虑是有利于激发学习者的学习动力的。

人的大脑分左半球和右半球,其神经细胞的工作是处于分工合作模式的。一般来讲,左脑管语言和抽象逻辑思维,右脑管图形图像和形象思维。根据学习者左右脑功能实现情况,通常将其分为左脑型学习者、右脑型学习者和全脑型学习者三类。左脑型学习者偏向于语言学习和抽象逻辑思维的学习训练,容易在数理化等学科取得突出成绩。右脑型学习者偏向于具体形象思维的学习训练,容易在美术、音乐和运动方面取得成绩。全脑型的学习者是我们所说的全面发展的学习者,他们在具体概念与抽象概念的形成、形象思维与逻辑思维方面的形成、智力与非智力等各个方面都能得到均衡的发展,左右脑实现了全脑的同步发展。

三、学习风格的分类

不少学者都在研究关于学习风格的分类。在此我们介绍格雷戈克(A. Gregorc)对学习风格的分类。

格雷戈克 1979 年将其分为具体—序列、具体—随机、抽象—序列和抽象—随机四种类型。

具体—序列型学习者的主要特征是:喜欢通过直接的动手经验学习,希望教学组织得逻辑有序。采用学习手册、程序教学、演示和有指导的实验练习,学习效果最佳。

具体—随机型学习者的主要特征是:喜欢教学游戏、模型,能通过试误法,从探索经验中迅速得出结论,愿意独立承担设计项目。

抽象—序列型学习者的主要特征是:善于理解以逻辑序列呈示的词语的和符号的信息,因而喜欢阅读和听课的教学方式。

抽象—随机型学习者的主要特征是:善于抓住演讲中的要点来理解整体的意思。能对演讲者的声调和演讲风格作出反应。喜欢参加小组讨论,听穿插问答的讲授,看电影和电视。

四、学习风格的测量

如何对一个学习者的学习风格进行测量?这也是教育心理学研究人员力图解决的一个研究课题。一般采用"学习风格测量表",该表可以是他人设计的,也可以是自己设计的,表内含有一系列意见陈述。测量表要求学习者根据自己的实际情况,对每一条陈述的意见作出适当的反应,如在上述意见前面写上"适合本人的情况"或"不适合本人的情况"。具体的测量内容有人们对感情、环境和社会的需求。

对学习者学习风格的测量,其表格的设计可参见附录三、附录四、附录五。

对教学设计来说,最重要的问题是:不同的学习风格与教学内容的处理、教学方法的运用、教学媒体的选择及教学活动设计等方面有什么联系?

思考与行动

试着编写一个学习风格分析表,对自己或某些学习者人群进行调查分析。

_____

_____

_____

_____

_____

> **学习成果记录**

第三节　学习者初始能力的确定

对学习者初始能力的了解,是我们确定学习起点的重要依据。

知识要点

一、初始能力确定的主要内容

一般来说,初始能力分析包括下述三个方面:

1. 对预备技能的分析

即了解学习者是否具备了进行新的学习所必须掌握的知识和技能。

2. 对目标技能的分析

即了解学习者是否已经掌握或部分掌握了将要达到的教学目标中的相关知识和技能。

3. 对学习者的学习态度进行分析

即了解学习者当前的学习爱好、学习的积极性和学习的动机等。

二、初始能力预测方法

为了解学习者是否具备了从事新的学习所必须具备的预备技能,可先在学习内容结果分析图上设定一个起点,把起点线以下的知识与技能作为预备技能,并以此为依据编写测试题,测试学习者对预备技能的掌握情况;预测的另一方面是了解学习者对目标技能的掌握情况。当然,假如教师知道学习内容对学习者是完全陌生的,这类预测就失去意义。

教学设计强调教学效果的评价以预先设定的目标为依据。以具体学习目标为基础编写考试题目,来检测学习者达到目标的程度,这样学习目标与测试题之间就存在一种直接的联系。根据这一原理,有的学者提出,直接使用期终考试题对学习者进行预测,了解学习者对目标技能的掌握情况。从理论上说,同样的考试题如分别用于前测(预测)和后测,前后两次成绩的差距即反映了教学效果。也有人建议,从期终考试中选择一部分重要的、有代表性的试题,对学习者进行预测。

态度是难衡量的。对态度的测量有问卷、采访、面试、观察等多种方法,在实际的教学工作中,以上三方面的分析往往是结合在一起的。

了解学习者对所学内容的认知水平及态度,对选择教学内容、确定教学方法等都有重要影响。

思考与行动

试着编写一个测试某一技能水平的试卷,用此测试学习者的某一初始能力水平。

❧ 学习成果记录

第四章 学习需要分析

案例

　　当亨德利先生的四年级学生走进教室时，他们发现教室里散布着一些东西：一堆眼镜、瓶子、铃铛、大小不同的有孔木盒、调音叉、木琴和小木箱。学生们一阵狂呼，扑过去拿起来开始玩。亨德利先生则在旁观察。

　　数分钟后，学生们开始安定下来，一个学生问："这些东西是用来做什么的，亨德利先生？这地方被你变成一个乐队了。"

　　"嗯，在一定程度上是的。"亨德利先生微笑着说，"实际上，在以后的几星期里，这里就是我们的音响实验室。"他在教室里走动，并且拿起一把琴拨动一根弦。然后，他使用一个勺子击打着书桌上另一个饮料瓶。"从这些声音中，你们听出什么了吗？"他问道，同时重复了刚刚的动作。

　　"嗨，他们听起来是一样的。"一个女孩回答道。

　　"再做一次。"一名学生建议道。亨德利先生又做了一次。很快所有的学生都注意到这些声音是在同一音高上的。

　　亨德利先生说："你们的任务就是发现什么东西能使声音变化并把它描述下来，同时给变化以限制。考虑到教室设备有限，我希望你们组织起来，利用现有的设备进行实验。我希望你们能够描述出声音变化的规则。当你们完成时，我希望你们能讲解一下你们设计的乐器实现了哪几种功能，然后告诉我应该怎样去做。之后我们将检验大家的想法。现在我们要决定分成几个组、怎样开始行动。有什么建议吗？"

　　"我注意到这些东西都是由五种不同的材料做成的，或许我们可以分成五个组，每组用这些东西进行实验，然后所有人再交流一下体会，听听别组的意见，再决定我们下一步怎么做。"萨莉勇敢地开了个头。

　　其他同学也提出来了另外一些意见，接下来的半小时同学们讨论出了一个如何开始的计划……

——布鲁斯·乔伊斯等《教学模式》

名人名言

　　无论什么事情，除非不仅是青年人的年岁与心理的力量所许可，而且是它们所要求的，便都不可教与他们。

——夸美纽斯《大教学论》

第一节 学习需要与学习需要分析

传统的教学,教师通常考虑的是如何实现教学大纲的目标。而教学大纲往往是一般性教学指导文件,它不一定适合教师面对的具体学习者。新课程改革对此已有了改变,鼓励进行校本课程的开发和实践,鼓励教师自己制定课程教学大纲,强调根据学生的实际情况来开展有效的教学。教学从原来的社会需求转向关注学习者的个人需求,或尽可能找到两者之间的平衡点。

知识要点

一、学习需要

一般来说,"需要"一词被表述为事物的目前状态与所希望达到的状态之间的差距。而学习需要在教学设计中是一个特定的概念,是指学习者学习方面目前的状况与所期望达到的状况之间的差距,也就是学习者目前的水平与期望学习者达到的水平之间的差距。见图4-1。

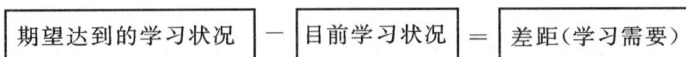

| 期望达到的学习状况 | － | 目前学习状况 | ＝ | 差距(学习需要) |

图4-1 学习需要的概念

期望达到的状况是指学习者应当具备什么样的能力素质。能力是指人才具有应付现实社会的职业、社会生产活动、科学研究活动、社会生活中需要的知识、智力技能、动作技能以及相应的态度和情感;素质指人才具备某种适应社会发展的元机制,如学习技能、知识的组织技能、认知策略及相应的态度、情感和价值观念。

通常对学习者的总期望通常是由几个方面的因素决定的:学习者生活的社会及其变化与发展所赋予学习者的历史使命和任务(包括长远的、近期的能力素质要求);学习者未来的职业或现在从事职业的新发展对人才的新要求;学习者未来的工作岗位或所在岗位的技术变化对人才的希望;学习者自身对知识、技能、态度的培养和发展方面的个性要求。而总的期望又是通过对学习者许许多多的更具体的期望来实现的。

目前的状况是指学习者在能力素质方面已达到的水平。而差距指出了学习者在能力素质方面的不足,指出了教学中实际存在和要解决的问题,这正是经过教育或培训可以解决的学习需要。可以说没有差距就没有需要,也就无从谈起解决什么了。

特别要说明的是,期望的主体是多方面的:社会的、家庭的和学习者个人的。我们在分析学习需要时,考虑哪个主体呢?这决定了我们分析的学习需要的不同。以人为本,我们倡导以学习者为主体,兼顾社会和家庭的期望来进行学习需要分析。

二、学习需要分析

学习需要分析是一个系统化的调查研究过程,该过程的目的是要揭示学习需要从而发现问题,通过分析问题产生的原因确定问题的性质,并辨明教学设计是否是解决这个问题的合适途径；同时它还分析现有的资源及约束的条件，以论证解决问题的可行性。所以学习需要分析的实质就是分析教学设计的必要性和可行性的。随着我们所研究的系统大小不同，学习需要分析也具有不同的层次，大到对整个教学系统做学习需要分析，小到对一节课进行学习需要分析。

学习需要分析是组成教学设计过程的重要阶段，它和这一系统过程的其他阶段如内容分析、教学策略等相互联系，共同完成教学设计优化教学效果的使命。同时，作为整个系统过程的一部分，学习需要分析具有它自身的特殊作用，在日益发展的教学设计中越来越占有举足轻重的地位。学习需要分析是教学设计过程的基础；学习需要分析有助于理顺问题与方法、目的与手段的关系。

思考与行动

理解学习需要的概念，试着分析一下自己当前的学习需要。

学习成果记录

第二节　确定学习需要的方法

以不同的期望值作参照系分析学习需要，便形成了两种不同的确定学习需要的方法：内部参照需要分析法和外部参照需要分析法。

知识要点

一、内部参照需要分析法

1. 定义

内部参照需要分析法是由学习者所在的组织机构内部以已经确定的教学目标（或工

作要求)对学习者的期望与学习者学习(工作)现状作比较,找出两者之间存在的差距,从而鉴别学习需要的一种分析方法。

2. 数据收集的方法

收集数据的重点是关于学习者目前状态的信息,具体做法是将期望状态(包括知识、技能和态度等方面)的目标具体化,形成完备的指标体系,作为收集目前状况数据的依据。

可供参考的数据收集方法:

(1)按照形式的指标体系来设计测试题、问卷或观察表,然后通过分析,直接从学习者处获取信息。

(2)根据指标体系,分析学习者近期测试成绩、产品合格记录等相关的现成材料。

(3)召开教师等有关人员的座谈会或对他们作问卷调查,按形成的指标体系询问学习者目前的状况。

二、外部参照需要分析法

1. 定义

外部参照需要分析法是根据机构社会(或职业)的要求来确定对学习者的期望值,以此为标准来衡量学习者学习的现状,找出差距,从而确定学习需要的一种分析方法。

2. 数据收集的方法

由于期望值是根据社会需要而制定的,所以首先要收集确定与期望值相关的社会需求的信息。

收集信息的方法主要有以下几种:

(1)对毕业生跟踪访谈、问卷调查,听取他们对社会需求的感受,以及工作后对学校教育或培训教学的意见和建议,从中不仅获得社会期望的信息,也获得学习者现状的信息。

(2)分析毕业生所在单位对毕业生的工作记录,了解他们对职工的要求和对毕业生的评价,获得工作需要和对教学的改进信息。

(3)设计问卷发放到与所学专业相关的工作岗位,得到社会对人才能力素质的要求信息。

(4)现场调研,深入到工作第一线,获得对人才能力素质要求的第一手信息。

(5)专家访谈,了解专家对社会目前及未来发展对人才需求的信息。

三、分析问题的原因、确定问题的性质

通过运用内部和外部参照法分析学习需要,揭示出学习者现状与期望之间存在的差距,从而表明教学中存在的问题。那么造成这些问题存在的真正原因是什么,即问题是什么性质的,教学设计是解决这个问题的必要途径吗? 这些还需要认真进行探讨,其实质是要解决教学设计的必要性问题。

知识、技能、态度方面的教学只是形成教学问题的众多原因之一,另外也不是所有的教学问题都值得和必须进行教学设计。因此,在开展教学设计的初期,我们必须认真分析问题产生的真正原因,确定问题的性质。忽略这一点就将使整个教学设计流于形式,陷入盲目决策之中,而什么问题也解决不了。

3 思考与行动

试着分析内外参照分析方法的适用条件。

_____

_____

_____

_____

_____

❋ 学习成果记录

第三节　解决问题的可行性分析

发现教育教学问题，并不是都有可能去解决它们。什么样的问题是可能得到解决的呢？这就需要分析解决问题的可行性了。

知识要点

一、分析资源和约束条件

要进行可行性分析，必须收集资源和约束条件等有关信息。资源一般指能支持开展教学设计活动、解决教学问题的所有人力、物力和财力。而约束条件则指对教学设计工作解决教学问题起限制或直接阻碍作用的事物——人、财、物。也就是说支持开展教学设计的人、财、物就是资源，反之限制、阻碍开展教学设计的人、财、物就是约束条件。

在分析资源和约束条件时要考虑的因素有：经费、时间限制、人员状况、设备、设施、现存文献、资料、组织机构、规章制度和管理方法、教学组织形式、政策思想等。常常以下面的问题形式出现：开展教学设计以及实施教学的经费有多少？进行教学设计最后的时间期限在什么时候？哪些人员参与教学设计的整个工作？哪些教师负责实施？有哪些设施、设备和材料可供设计时使用？教学将在哪儿进行（学校、培训中心、自学、现场）？对教学的管理采用什么方法？教学以什么组织形式进行（集体、小组或个别化教学，学校正规教育、函授或广播电视教育等）？

二、设计课题的认定

教学设计必要性分析后形成需要进行的教学设计项目,通过资源和约束条件的分析之后,去掉那些条件不允许的项目,那么留下的是运用教学设计可以解决的项目。是不是这些项目就是教学设计的课题了呢? 事实上仍需要进一步认定教学设计的优先课题——判断它们是否值得进行设计和哪个教学问题更值得优先设计。

需要根据两个标准来考虑:一个是解决这一教学问题(满足学习需要)在人、财、物、时间上要付出的代价,我们用 A 来表示;另一个是若不解决这一教学问题(忽视这些学习需要)将付出的代价,我们用 B 来表示。只有当 A<B 时,这一教学问题才值得系统地进行设计来给予解决,根据 A、B 的差值大小我们便可以确定优先要解决的教学问题。至此,教学设计的课题就被认定了。

当然,这种计算和比较的方法涉及成本效益问题和教学设计人员的经验,比较科学但比较复杂。通常情况下我们可以考虑这样一些问题来进行定性的分析:该课题在教学中的急需性如何? 该课题中所反映的学习需要内容是否有一定的稳定性? 该课题存在的普遍性如何? 是否有推广的价值? 该课题对教学改革的意义如何? 人员、时间和经费的要求如何?

三、阐明总的教学目标

一旦设计课题确定了,一般要给课题起个名字,之后提供关于这个项目要解决的问题的总的陈述,也就是教学目标的阐明。前面我们介绍学习需要分析常发生在以系统为中心和以产品为中心的模式中,其实,课堂级的教师也经常在作以目标为内部参考的学习需要分析,只是涉及的面不大,无须单列步骤解决。无论是系统级、产品级,甚至课堂级,学习需要分析最后形成的教学目标均是指导教学设计继续进行的总的依据,为内容分析、目标明确、策略制定、评价等提供坚实的基础。

思考与行动

如果你是一名学科教师,针对具体的学生和学科知识,如何进行学习需要分析呢?

❋ 学习成果记录

第五章　学习内容分析

案例

仔细观察传统的中学课本就会发现,这些课本主要或全部是由一系列未加限制的肯定式的陈述名构成的:"有那么多种哺乳动物""器官 A 由三种组织构成""呼吸按以下步骤产生""基因是遗传的单位""A 的功能是 X"等。

这种提供结论的表述方法长期以来一直是教科书的编写标准,甚至大学课本也是这样。它有许多优点,至少可以说较为简洁明晰,然而这一表述方式也遭到一些严厉的批评,它的简约性和权威性给人们描绘了一幅虚假且具有误导性的科学本质图像。

权威性、结论性的表述给学生带来了两种不好的影响。首先,它给人造成这样的印象:科学是由不可更改的确定真理组成的。然而事实并非如此。近年来知识的迅速发展告诉了我们这样一个明确的事实——科学在不断地变化着。科学知识的规则只是暂时的,它会随着新资料对旧资料的取代而不断地被修改。结论性表述还会传达这样一种观念——科学是完整的。然而,科学研究仍在继续,而且以日新月异的速度进行着。这两种影响会给学生造成难以理解的困惑。

一个反例是:

在一个一年级的教室里,学生们正围着一张桌子,上面放着一支蜡烛和一个罐子。教师威斯曼点亮蜡烛,等它充分燃烧一两分钟后,小心翼翼地在上面罩上玻璃罐子。蜡烛的光亮慢慢变暗,摇曳不定,最后熄灭。然后教师又取出另外一支蜡烛和一个更大的玻璃罐子,重复了上次的做法,烛光最终也熄灭了,但熄灭的速度比第一次要慢。威斯曼把两支蜡烛和两个大小不同的罐子交给学生,让学生们自己去做相同的实验。学生们的实验结果跟教师做的一样。威斯曼问:"大家看到刚刚的现象,有什么想法呢？ 你们可以提出一些关于蜡烛和罐子的问题,并谈谈你们观察到什么。"学生们开始提出问题,威斯曼耐心地帮助孩子们表达自己的问题。一个学生问道:"如果我们用一个更大的罐子,是否烛光就熄灭得更慢呢？"威斯曼说:"我们怎样才能得出这样的结论呢？"她总是要引导学生陈述自己了解的事实和还存有的疑问,同时将他们说过的话写在白纸上,这些学生自己说的话,就成了他们这一节阅读课的学习内容……

——布鲁斯·乔伊斯等《教学模式》

名人名言

使男女青年,毫无例外地,全部迅速地、愉快地、彻底地懂得科学、纯于德性、习于虔诚……全部掌握科学、文学和艺术……

——夸美纽斯《大教学论》

第一节　学习内容分析概述

我们需要明确学习内容分析的目的及内容编排的方法。

知识要点

一、学习内容分析目的

由于实际教学设计项目的不同,学习内容分析可以在不同的层次进行。根据当前我国各级各类教育工作的实际需要,这里主要讨论课堂级的教学设计中的内容分析。

学习内容有一定的结构层次。为了论述的方便,本书将学习内容划分为课程(指狭义的课程)、单元和项目(项目可以是一个知识点,也可以是一项技能等)等层次。下面以这样的内容分层为基础讨论分析学习内容的具体步骤。

分析学习内容一般可以采用下列步骤:选择与组织单元;确定单元目标;评价内容;分析任务;进一步评价内容。

二、学习内容的编排

学习内容的安排是对已选定的学习任务进行组织编排,使它具有一定的系统性或整体性。在一门课程中,各单元学习内容之间的联系一般有三种类型:一是相对独立,各单元在顺序上可互换位置;二是一个单元的学习构成另一个单元的基础,这类结构在序列上极为严密;三是各单元学习内容的联系呈综合型,在组织学习内容时,首先要搞清各学习任务之间的联系。

近30年来在教学内容组织编排的各种主张中,较有影响的是三种观点:一是布鲁纳提出的螺旋式编排教学内容的主张,即根据学生的智力发展水平,让学生尽早有机会在不同程度上去接触和掌握某门学科的基本结构,以后随着学生在智力结构上的成熟,围绕基本结构不断加深内容的深度,使学生对学科有更深刻和有意义的理解。二是加涅提出的直线编排教学内容的主张,他从学习层级论的观点出发,把教学内容转化为一系列习得能力目标,然后按这些目标的心理学关系,即从较简单的辨别技能的学习到复杂的问题解决技能的学习,把全部教学内容按等级来排列。三是奥苏贝尔提出的渐进分化和综合贯通的原则。渐进分化是指"该学科最一般和最概括的观念首先呈现,然后按细节和集体具体性逐渐分化",综合贯通强调学科的整体性。因为学科内容不仅包括本身的特定结构、方法或逻辑,如不掌握这部分内容,就不可能真正掌握这门学科。我们在编排学习内容时,应根据学科特点对上述三个观点加以综合考虑。

在组织学习内容时要重视:由整体到部分,由一般到个别,不断分化;确保从已知到未知;按事物发展的规律排列;注意学习内容之间的横向联系。

思考与行动

你认为学习内容分析的作用是什么？

_____

_____

_____

_____

学习成果记录

第二节　学习内容分析的基本方法

知识要点

学习内容分析的主要方法有以下五种。

一、归类分析法

归类分析法主要是研究对有关信息进行分类的方法，旨在鉴别为实现教学目标而需学习的知识点。确定分类方法后，或用图示，或列提纲，把实现教学目标需学习的知识归纳成若干个方面，从而确定学习内容的范围。

二、图解分析法

图解分析法是一种用直观形式揭示学习内容要素及其相互关系的内容分析方法，用于对认知学习内容的分析。图解分析的结果是一种简明扼要地从内容和逻辑上高度概括学习内容的一套图解或符号。这种方法的优点是，使分析者容易觉察内容的残缺或多余部分及相互联系中的割裂现象。

三、层级分析法

层级分析法是用来揭示达成教学目标所需掌握的从属技能的内容分析方法。它是一个逆向分析的过程,即从已确定的教学目标开始考虑:要求学习者获得教学目标规定的能力,他们必须具有哪些次一级的能力;要培养这些次一级的能力,又需具备哪些再次一级的从属能力等。

层级分析看上去简单,但具体做起来却不容易。它需要教学设计人员熟悉相应学科内容,了解学习者现在能力水平,并掌握较为相应的心理学知识和内容分析方法。

四、信息加工分析

信息加工分析由加涅提出,是将教学目标要求的心理操作过程揭示出来的内容分析方法。这种心理操作过程及其所涉及的能力构成学习内容。

在许多学习内容中,完成学习内容的步骤不是按"1→2→3→…→n"的线性程序进行的。当某一步骤结束后,需根据出现的结果判断下一步怎么做。在这种情况下,就要使用流程图表现该操作过程。流程图直观地表现出整个操作过程及各步骤以外,还表现一系列决策点及可供选择的不同行动路线。

五、卡片分析法

卡片分析法是用卡片将繁杂的事物或现象记录下来,再通过摆放卡片去寻找它们之间关系的一种内容分析方法。如在看《红楼梦》时,将人物的名字记在卡片上,然后再来梳理他们之间的关系。

思考与行动

选用适当的方法,尝试分析某一章或某一节的内容。

_____

_____

_____

_____

_____

学习成果记录

第三节　不同类型学习内容的分析

我们把学习内容分为三大类：认知类、动作类和情感态度类，每一类学习内容分析的方法将是不一样的。

知识要点

一、认知类学习内容分析

认知学习是对言语信息、智慧技能（如概念、原理及其应用）和认知策略的学习，主要特点是知识的获得与应用。要对认知类学习内容进行具体分析，需要了解关于认知学习的有关理论。

美国当代著名教育心理学家加涅在《学习的条件》一书中，把认知学习分为言语信息、智慧技能和认知策略三类。

（1）言语信息。言语信息是指学习者通过学习以后，能记忆诸如事物的名称、符号、地点、时间、定义、对事物的描述等具体的事实，能够在需要时将这些事实表述出来。首先，言语信息作为一种陈述性知识，当新的言语信息如若和以前习得的有组织的信息之间产生联系，这样的言语信息便于学习。否则言语信息的获得将与一些突出显著的特征进行联系，比如空间、时间（认知心理学说的联系记忆）。再者，学习者将言语信息按照自己的理解划分成不同的部分之后进行记忆。

（2）智慧技能。智慧技能是指学习获得了使用符号与环境相互作用的能力。智慧技能不同于言语信息，智慧技能不是一种陈述性知识，而是一种程序性知识，在程序性知识中的各个部分之间是一种层级的关系（这一点与言语信息有显著的区别），各个部分之间的学习必须依照一定的关系来进行，这些部分之间是相互联系的，假如这些部分都比较容易学习，那么整个知识就会比较容易接受。

（3）认知策略。认知策略是"学习者借以调节他们自己的注意、学习、记忆和思维等内部过程的技能"。前面的智慧技能是运用符号办事的能力，是处理外部世界的能力；而认知策略是自我控制与调节的能力，是处理内部世界的能力。认知策略与以前的学习没有太多的联系，认知策略可以仅仅借助于言语传递的形式来传递给学习者，但是学习者必须理解认知策略本身的意义，并且借助于不同的学习实例可以促进认知策略的获得。

根据认知学习内容的特点，一般采用层级分析的方法分析智慧技能的学习内容；用归类法、图解法、信息加工法分析言语信息技能的学习内容；在一定的实践情景中，使用层级法、归类法和图解法分析认知策略的学习内容（策略的形成需要一个较长的时期，而且一定要在一定的情境下通过具体的练习和实践）。

二、动作技能和态度类学习内容的分析

在加涅的学习结果分类中，除认知学习外，还有动作技能学习和态度学习两大类。

1. 动作技能学习内容的分析

动作技能亦称运动技能，是一种习得能力，以此为基础的行为结果表现为身体运动的迅速、精确、力量或连贯等方面，如乐器演奏、绘画、实验操作、打球等。动作技能也存在于不使用装置的活动中。在学生的学习中，动作技能的学习往往与认知学习交织在一起。

同时,我们也看到动作技能学习中学习者知觉因素的重要性和协调因素的关键作用。

根据动作技能的这一特点,对这个领域学习内容的分析,不仅要剖析教学目标所要求掌握的各项从属动作技能,揭示它们之间的关系,列出学习这些动作技能所需要掌握的相应的知识,包括某种技能的性质、功用、动作的难度、要领、注意事项及进程等。

对动作技能学习内容的分析,可用信息加工分析方法。对有关动作技能所必须掌握的认知内容,可在有关技能步骤旁边给予注明。

动作技能学习内容经过如此分析后,变得更具体化;较难动作被分解为一系列较小的学习步骤,并安排了合适的顺序,便于学习者循序渐进学习。

2.态度类学习内容的分析

态度是对事物的看法和采取的行动,作为一种学习结果,在教育心理学中被定义为:习得的、影响个人对特定对象做出行为选择的内部状态。特定对象包括事物、人和活动。当教学目标实施学习者形成先前未有的态度,或改变现存的积极的或消极的态度,这意味着我们要求学习者从事一项态度的学习任务。

从学习内容分析的角度来看,要研究的是:为了达到使学习者形成或改变一定态度的教学目标,学习者应学习什么? 心理学研究已经揭示:态度包括认知成分、情感成分和行为倾向成分。

据此,目前教学设计实践中,一般从两方面分析态度学习内容。一是当学习者形成或改变态度后(表现出教学目标所要求的态度时),应能做什么;二是学习者为什么要培养这种态度。对第一个问题的思考,还涉及对言语信息技能、智力技能、认知策略和动作技能中部分学习内容的分析。第二个问题则要求学生了解培养某特定态度的意义,这更多的还涉及言语信息的学习。

思考与行动

谈谈你对学习内容分析法的比较,并试着写出用各种分析方法进行内容分析的案例。

_____

_____

_____

_____

_____

学习成果记录

第六章　学习目标的描述

案例

关于加减法——E级水平目标描述为：

1. 运用简便算法进行任意两个整数的加、减运算。

2. 运用简便算法进行一个加数小于或等于5的加法计算。

3. 解答需要运用相应乘法技巧的多步骤文字题。

F级水平目标描述为：

1. 进行任意两个小于或等于9999.99的数的加减法运算。限制：答案必须为正数。

2. 进行加数小于或等于5的7位数以内的混合小数加法计算。限制：小数点后7位。

3. 进行两个混合小数的减法计算。限制：小数点后7位。

4. 解答需要运用相应在加减法技能的多步骤文字题。

——布鲁斯·乔伊斯等《教学模式》

名人名言

人的终极目标在今生之处。人有三重生活：植物的、动物的和精神的。第一重生活是第二重的预备，第二重是第三重的预备……今生只是永生的预备……

——夸美纽斯《大教学论》

第一节　学习目标简介

学习目标与教学目标有相同的内涵，也有不同之处。

知识要点

一、教学目标与学习目标

学习目标是对学习者经过学习可能产生的学习结果的描述。

教学目标是对学习目标的概括性描述。布卢姆等人把教学目标分为认知、动作技能和情感三个领域，而每一个领域的目标又由低级到高级分成若干层次。

二、认知领域学习目标分类

布卢姆将认知领域的教学目标分为六级：知道、领会、运用、分析、综合、评价。

1. 知道

知道指能对先前学习过的知识材料进行回忆，包括对具体事实、方法、过程和相关理论的回忆。知道是认知领域中最低水平的认知学习结果,其主要心理过程是记忆。

2.领会

领会指把握知识材料意义的能力。有三种形式表明对知识材料的领会:一是转换,即用自己的话或用与原先的表述方式不同的方式来表达所学的内容;二是解释,即对一项信息(一些文字、图表或数据)加以说明或概述;三是推断,即预测发展的趋势。领会超越了单纯的记忆,是最低水平的理解。

3.运用

运用指把学到的知识应用于新的情境,包括概念、原理、方法和理论的应用。运用能力是以知道和领会为基础的,是较高水平的理解。

4.分析

分析指把复杂的知识整体材料分解为组成部分并理解各部分之间的联系的能力。它包括部分的鉴别、分析部分之间的关系和认识其中的组织原理。如能区分因果关系,能识别史料中作者的观点或倾向等。分析既要理解知识材料的内容,又要理解其结构,因此代表了比运用更高的智力水平。

5.综合

综合指将所学知识的各部分重新组合,形成一个新的知识整体的能力。如发表一篇内容独特的文章,拟订一项操作计划等。综合能力也是创造能力,是形成新的模式或结构的能力。

6.评价

评价指对材料(如论文、小说、诗歌、研究报告等)的价值进行判断的能力。它包括按材料内在标准(如组织)或外在标准(有目的的联系)进行价值判断。如判断实验结论是否有充分的数量支持。评价要求超越原先的学习内容并基于明确标准做出价值判断。这是最高水平的认知学习结果。

加涅对认知学习结果的分类是:智慧技能、言语信息和认知策略。其中智慧技能又分为辨别、具体概念、定义性概念、规则和高级规则五个层次。加之言语信息和认知策略,其认知结果分为了七个层次。加涅对每个层次都用了对应的动词——区分、识别、演示、运用、生成、陈述、采用(称之为能力动词或性能动词)来进行描述,方便我们对学习目标进行更具体的描述。

三、动作技能学习领域目标分类

动作技能是个体所具有的使某些动作表现成为可能的能力;其核心是由一个高度组织的、处于中枢神经的通过练习建立的动作程序组成。

动作技能涉及骨骼和肌肉的使用、发展和协调。在试验课、体育课、职业培训、军事训练科目中,这常是主要的教学目标。

辛普森等人在1972年,将动作技能教育目标分成七级,它是目前应用较广泛的一种分类体系:知觉、准备、有指导的反应、机械动作、复杂的外显反应、适应和创新。

1.知觉

知觉指运用感官获得信息以指导动作。主要是了解某动作技能相关的知识、性质和功用等。

2. 准备

准备指对固定的动作的准备,包括心理定向、生理定向和情绪定向等。它与知觉一起构成动作技能学习的认知阶段。

3. 有指导的反应

有指导的反应指复杂动作技能学习的早期阶段,包括模仿和尝试错误。

4. 机械动作

机械动作指学习者的反应已成习惯,能熟练和自信地完成动作。

5. 复杂的外显反应

复杂的外显反应指包含复杂动作模式的熟练动作操作。操作的熟练性以精确、迅速、连贯协调和轻松稳定为标准。

6. 适应

适应指技能的高度发展水平。学习者在此阶段能修正自己的动作模式以适应特殊的装置或具体情境的需要。

7. 创新

创新指创造新动作模式以适应具体情境的能力。

哈罗将动作技能分为知觉能力、体力、技能动作和有意交流。基布勒又将动作技能分为全身运动、细微协调动作、非言语性表达和言语表达四类。

四、情感领域学习目标分类

情感是对外界刺激的肯定或否定的心理反应,如喜欢、厌恶等。个体的情感会影响他作出行为上的选择。情感学习与形成或改变态度、提高鉴赏能力、更新价值观念、培养感情等有关。这是教育的一个重要方面。

克拉斯伍(D. R. Krathwohl)于1964年制定了情感领域的教学目标分类。按价值内化的程度,该领域的目标共分五级:接受或注意、反应、评价、组织、价值与价值体系的性格化。

1. 接受或注意

接受或注意指学习者愿意注意某一特定的现象或刺激。如听他人讲解、参加班级活动、意识到某问题的重要性等。它包括从意识某事物存在的简单注意到选择性注意,表现了低级的价值内化水平。

2. 反应

反应指学习者主动参与,积极反应,表现出较高的兴趣。结果包括默认、愿意反应和满意的反应。

3. 评价

评价指学习者用一定的价值标准对特定的现象、行为或事物进行判断。

4. 组织

组织指学习者在遇到多种价值观念呈现的复杂情境时,将价值观组织成一个体系,对各种价值观加以比较,确定它们的相对重要性,接受自己认为重要的价值观,形成个人的价值观体系。

5.价值与价值体系的性格化

价值与价值体系的性格化指学习者通过价值观体系的组织,逐渐形成个人的品性。可见,情感或态度的学习是一个价值标准不断内化的过程。

思考与行动

你认同上述学习目标分类方式吗？试着用表格来表现你所认可的学习目标的分类。

_____

_____

_____

_____

_____

> ❧ **学习成果记录**

第二节　学习目标的描述方法

学习目标表述的是学习者的学习结果(包括智慧技能、言语信息技能、认知策略、动作技术和情感态度),因此不应说明教师将做什么。学习目标的表述应力求明确、具体,可以观察和测量,避免用含糊的和不切实际的语言表述。

学习目标的编写应该用可观察或可以测量的行为来描述学习目标,它反映的是学习者行为或能力的变化。

所谓行为指的是人们能够观察即能看到、听到或感受到的活动或动作。按照行为的观点来陈述教学目标,称之为行为目标描述法。下面介绍三种具体的学习目标描述方法。

知识要点

一、三要素目标描述方法

马杰在1962年提出了行为、条件和标准三要素描述方法。

1.行为

用来说明学习者通过学习以后将能做什么。教师可以通过观察其行为来了解学习目标是否达成。

2.条件

说明为上述行为产生所提供的条件。

3.标准

指出合格行为的最低标准。

例如：提供一篇论文（条件），学生能将论文中陈述事实与发表议论的句子进行分类（行为），至少达到80%的正确率（标准）即为合格。

二、四要素目标描述方法

在三要素的基础上，人们把行为主体——教学对象加入，就变成了四要素了。四要素法又称之为ABCD法。

A——对象（audience）：阐明教学对象即学习者是谁。

B——行为（behavior）：说明通过学习以后，学习者应该能做些什么，即学习者在知识、技能和态度方面所发生的变化。

C——条件（condition）：说明上述行为在什么条件下发生。

D——标准（degree）：规定达到上述行为的最低标准。

例如：提供10道除法的短除算式（C），小学二年级的学生（A）能算出正确答案（B），准确率达90%（D）即为合格。

三、五要素目标描述方法

加涅的学习目标描述涉及五个要素：情境、能力（性能）动词、对象、行为动词、限制性条件。

1.情境

情境是指学生行为完成所处环境和面对的或需要解决的问题。

2.能力（性能）动词

能力（性能）动词是指用以表明习得的结果类型的动词，或者是用以表明学习后具有的做什么的能力。辨别的性能动词是区分；具体概念的性能动词是识别；定义性概念的性能动词是分类；规则的性能动词是演示；高级规则的性能动词是生成；认知策略的性能动词是采用；言语信息的性能动词是陈述；动作技能的性能动词是执行；情感态度的性能动词是选择。

3.对象

对象是性能动词（能力动词）的宾语，表明将要习得的新内容。

4.行为动词

行为动词是用来描述行为是如何完成的动词。

5.限制性条件

限制性条件是在某些作业情境中需要使用的特殊工具或某些限制性条件（含标准）。

例如：给予一组有关整除法的10个算式（情境），学生通过计算写出（行为动词）答案，演示（性能动词）整数除法的算法（对象）；在无任何特殊帮助下正确率达90%为合格（限制性条件）。

思考与行动

1. 比较三种学习目标描述方法的异同,用表格形式表现出来。

2. 分别用三种方法编写一个学习目标。

> ### ✿ 学习成果记录

第三节 学习目标描述的意义与局限

学习目标描述有积极的意义也有它的局限。我们都需要了解,并在我们的实践中扬长避短,有可能再创造性地发展新的描述方法。

✎ 知识要点

一、学习目标描述的意义

1. 有利于明确教学设计的方向

学习目标能确定教学设计的方向,保证课程的稳定性。学习目标不仅在方向上对教学活动的设计起着指导作用,而且对教学设计的步骤和方法也有规定性功能。教学活动要取得怎样的结果,先达到什么结果,再达到什么结果,它们之间具有怎样的逻辑联系等,这些都在学习目标中给予了阐明。

2. 明确的学习目标有利于教学中的沟通交流

统一学习目标描述术语,能很好克服因没有统一术语带来的学术和教学中的交流障碍,让学生和教师都能明白,学习后可能达到的水平,使师生双方都能遵循共同的客观标准来进行教与学。

3.能提供教学评价的依据

不管是形成性评价还是总结性评价,都需要有可观测的标准。科学的学习目标描述为总结性和形成性评价提供客观而科学的依据。

二、阐明学习目标的局限

国内外都有专家学者反对对学习目标进行描述。主要理由是:

(1)在教学以前先明确提出具体的目标是有悖于发现法的学习。

(2)任何知识的学习中都存在多种途径,因此,教学设计中采用行为目标的作用有限。

(3)适宜用规范格式编写的学习目标通常是较简单、低层次的学习目标。有些学习内容,其心理过程是不能完全通过外显行为表现出来的,特别是一些较高层次的认知能力和情感因素。

(4)学习目标的罗列并不能完全反映学科的知识结构。

(5)学习目标描述本身不是一件容易的事,对于一名教师来说教学任务很重(多班多学生多课时),还要花很多时间来进行学习目标的描述,不现实。

事实上,除去这些局限以外,剩下的应该就是学习目标描述的优势和长处了。所以可能的情况下能对学习目标进行明确的阐述,是有利于教与学的。五要素描述方法应用起来很难,但一旦准确描述出来的,不仅具体而且还能让教师和学生都明确学习目标最终反映的是哪种学习结果,对教与学和后面的学习评价都是有明确的指导意义的。

思考与行动

谈谈你使用学习目标描述三种方法的感想。

_____

_____

_____

_____

_____

✦ 学习成果记录

第七章 教学设计之策略的制定

我们已经回答了四个问题:为什么要教学(需要)? 教学从哪里开始(起点)? 教学的目标是什么(终点)? 从"起点"到"终点"需要教学哪些东西(内容)? 接着我们面临的问题是:为了实现教学目标,满足需要,应该采取哪些教与学的行动? 即要回答一个"如何进行教学"的问题。换言之,就是要为既定的教学任务确定相应的教学策略。

教学策略是对完成特定的教学目标而采用教学活动的形式、方法、媒体和程序等因素的总体考虑。教学策略具有指示性和灵活性,教学策略方案就是对教学理论的具体化和教学活动方式的概括化。

案例

2002年6月25日,约翰执教的五年级学生在浏览《纽约时报》的科学时代专栏时发现一份关于冰岛的基因图谱计划的详细报道。约翰的学校拥有该报纸的电子版本,并经常在他的班级使用。他引导学生阅读一些与他们正在研究的领域相关的报道,或者他认为学生应该了解的有关方面的国内外消息。他们分成小组,游览不同版面,寻找他们感兴趣的内容,就像今天一样。约翰通常把一篇文章投影在屏幕上,然后使用室内上方液晶显示管理器和学生一起看文章。学生们将信息用表格记录下来,文章的要点则由"一日写作组长"进行总结。

今天,他让组长找来一个文件夹,里面装的是从过去的尝试到基因图谱工程总结资料的有关信息。在阅读关于基因图谱计划的详细报道之前,他已将相关总结投影在屏幕上了。

学生们已经对基因计划非常痴迷。当发现99.9%的人类基因被地球上所有人共享时,他们惊讶不已。在约翰带领学生研究种族和性别的概念时,互联网就像过去教室里的百科全书光盘一样不断提供资源。学生开始认识到人和人之间的差异很多是社会化的产物。

今天的报道吸引学生是因为以下三个原因:一是研究人员掌握了某种几乎未曾移民的人口1100年前的家谱资料。这样,研究人员就可以采用与其他的基因研究不同的策略来研究这个家族,于是一个独特的研究策略就产生了。二是研究的一些初步成果。这项研究计划以疾病为取向,以气喘病为例,研究人员已经追溯到当前正在接受治疗的气喘病患者共同的祖先产生于1710年。三是人口的构成。在公元800年,大约1万~1.5万名来自挪威的古代斯堪的纳维亚人建立了冰岛。他们抢劫了北爱尔兰和英格兰,掠夺青年女子并使其成为"妻奴"。他们一共奴役了4万~5万名青年女子。

这些内容使学生很兴奋,他们开始研究冰岛和斯堪的纳维亚。他们着手收集资料,百科全书和有关各国的数据库能够为他们提供服务。他们也开始认识到"抢妻"大大减少了爱尔兰和英格兰的女性人口。他们想知道这可能会产生什么样的后果。最终,他们将与牛津大学的一位学者联系,他会对这个课题提出自己的见解。

学生们正在研究科学与其发现是怎么产生的。约翰始终让学生既意识是"是什么"又意识到"怎么样"。他一直提醒学生关注卡尔·萨根的假设:科学的方法看似单调乏味又难于捉摸,却远比科学发现的结果重要……

——布鲁斯·乔伊斯等《教学模式》

名人名言

如果我们认为真理来自高高在上的某种权威,教室看起来就会像专制政府。如果我们认为真理是由个人突发奇想而确定的虚构故事,教室看起来就会是无政府的混乱状态。如果我们认为真理产生于相互问询的复杂过程,教室看起来就会像一个资源丰富、相辅相成的共同体。

——帕克·帕尔默《教学的勇气》

第一节　教学组织形式的确定

教学组织形式,就是根据教学的主观和客观条件,从时间、空间、人员组合等方面考虑安排的教学活动的方式。

教学组织形式归纳起来大致分为三类。第一类是目前学校教育中最通用的一般教与学的形式,即按传统惯例,教师通过讲授、谈话、板书、演示等来向一个班级或一组学生传授教学信息,称为集体授课;第二类是在教师指导下由学生自己阅读教科书、观看或聆听音像教材、做笔记等获得信息,称为个别化教学;第三类是通过讨论、问答、交流等在师生之间、学生与学生之间分享教学信息,称为小组相互作用。

在许多情况下,这三种教学组织形式之间并没有十分明显的界限,如正规的班级讲演可以结合提问、讨论,个别化学习中可以补充辅助性的小组相互作用等。总之,在适当的时机使用适当的组织形式总是有助于教学的。

知识要点

一、集体教学形式

集体教学形式又称为集体授课形式。它起源于夸美纽斯提倡的班级授课制,是目前学校教育中常见的教学组织形式。它可以是教师在教室、大厅站在讲台上对学生进行讲授,也可以是通过无线电广播、电视、电影等形式面向大众的信息传播。

1. 优点

集体教学形式是随着班级授课制的产生而产生的,距今已有三百多年的历史。它解决了教育教学效率问题,使更多的学龄儿童有了受教育的机会。因此,它的主要优点是:

(1)在单位时间内呈现较多的信息。

(2)同时容纳更多的学生学习同样的课程,有一定的规模效应。

(3)便于教师把握课堂的内容和节奏。

(4)容易建立起教师在课堂上的威信。

2．缺点

(1)学生接受信息处于被动状态,没有机会思考和发表自己的意见。

(2)同样的信息刺激不同个性的学习者,难以做到促进学生个性化的发展目标。

(3)教学活动单一,学生难以保持较长的注意力。

(4)不利于培养学生的言语信息技能、动作技能和情感态度。

3．适用条件

(1)适用于课程概述。强调课程目标和要求,介绍课程背景知识,为学生指明学习方向。

(2)适用于系统讲解某些观点和相关材料。

(3)适用于专家讲座。

(4)适用于介绍专业领域的新发展和对相关部分的学习进行总结。

二、小组协作学习形式

小组协作学习,是教师将班内同学分为每组 3～10 人,然后给每个组具体的学习任务,让小组成员自行分工、协作、讨论,最后完成小组任务的教学组织形式。这种形式的教学,使教师和更多的学生有了密切接触的机会,学生之间也有了更多的交流、沟通和合作的机会,对学生健全人格的培养打下了基础。

1．优点

(1)有利于情感领域目标的实现。

(2)有利于学生解决问题能力的提升。

(3)有利于提高学生的组织和表现能力。

(4)教师更易于发现学生学习的实际水平和需要的帮助。

2．缺点

(1)课堂组织对于没足够经验的教师显得有些困难。

(2)容易出现小组成员中只有少数人在做教师规定的任务。

3．使用要点

(1)小组协作学习放在成员自学后效果更好。

(2)小组协作学习完成后,要有活动成果展示。

(3)成果展示由学生自己主持比教师主持更好。

(4)小组协作学习的具体方式尽量多样化:讨论、角色扮演、案例研究、模拟、游戏、参观等。

三、个别化教学形式

个别化学习主要是满足学习者的一种内部操作需求,由学生自己确定学习进度,积极主动地完成课题并体验到成功的喜悦,从而获得最大的学习成果的过程。

1．优点

(1)能实现认知领域和动作领域的大多数层次的目标。

(2)能让每个学生最大限度地获得学习效益,减少差等生产生的可能性。

(3)教师可以更容易地关注到个别需要帮助的学生,及时提供帮助。

(4)有利于学生责任意识的培养和个人良好学习习惯的形成。

2.缺点

(1)容易减弱师生间的相互联系。

(2)学生容易感到学习形式单调乏味,从而失去学习积极性。

(3)缺乏自觉性的学习者不能按时完成相应的学习任务。

3.使用要点

(1)需要根据目标要求,精心准备学习活动所需要的学习资源。

(2)需要为学习者划分学习步子对应的学习内容。

(3)需要在合适的阶段安排形成性评价。

(4)让学生每学习完一个阶段的学习任务都能感受到学习的成就,增强学生的学习自信。

在实际的课程教学中,上述三种组织形式可以综合加以运用,以实现其优缺点的互补。

思考与行动

比较三种组织形式的异同,用自己的话以表格形式呈现出来。

_____

_____

_____

_____

_____

❈ 学习成果记录

第二节　教学方法的选择

教学方法是教师和学生为了达到教学目标,遵循一定的教学原则,借助教学手段(工具、媒体或设备)而进行的师生相互作用的活动,它既有教师的行为,又有学生的行为,而且两者相辅相成。大部分教学都是外显的,但也有一些是内隐的。采用教学方法的直接目的在于引导学生学习的准备,维持他们的兴趣和注意,以学生可接受的方式呈现学习内容,强化和调节学生的学习行为,解决学生学习的障碍等。

📝 **知识要点**

一、与认知类学习结果有关的教学方法

与认知类学习结果有关的方法,主要有讲授法、演示法、谈话法、讨论法、练习法、实验法、实习作业法。

1.讲授法

讲授法指教师主要通过口头语言、辅以板书或课件方式向学生传授知识的方法。它是教师讲,学生听的教学活动,可分为讲述、讲解和讲演三种形式:讲述——对事物或事件进行系统的叙述或描述;讲解——对概念或原理进行解释、分析和论证;讲演——不仅描述事实,而且深入演示、分析和论证事实,并在此基础上做出科学的结论。

2.演示法

演示法指在教学中围绕某些能被感知的事物,让学生明白其中的意义和规律的方法。它是由教师演示、学生观察的教学活动。演示法能使学生从感性上认识一定的客观规律,为进一步的理性认识打下基础。演示包括静态和动态两种形式。静态演示包括实物、模型、图片、幻灯片等;动态演示主要是指演示实验、电影电视、动画、视频资料等。随着新媒体的出现,一切利用媒体将过去、未来、宏观、微观现象生动呈现给学习者的过程,都属于演示范畴。

3.谈话法

谈话法是教师通过连贯地提问来引导学生的思维,促进学生独立地得出结论的方法。谈话法能充分激发学生的思维活动,有利于训练学生的语言表达能力。采用谈话法的基础是:

(1)学生对教师提出的问题已具有一定的知识基础。

(2)学生对教师提出的问题已具有某些实际的生活经验或表象。

(3)学生能对教师提出的问题通过观察、实验、直观教具和逻辑推理与已知现象进行对比。

谈话法较适用于使学生从"已知"到"未知"再到"知之",需要教师对学生现有知识水平有深入的了解,并能设计好相关问题。

4.讨论法

讨论法是指在教师指导下,全班同学或小组学生围绕某一中心议题各自发表自己的看法,在辩论比较中明晰规律和真理的方法。讨论法不仅能加深学生对知识的理解,而且能为学生提供群体思考的机会,产生思想的碰撞,学生们互相启发,互相补充,互相学习,取长补短,增长才智。讨论法能促进学生掌握各种社会技能,学会倾听、表达、合作、良性竞争等。讨论法需要学生有一定的理解能力和独立思考能力,适合小学高年级学生。

5. 练习法

练习法是在教师指导下，学生运用所学知识、技能解决相应课题作业的方法。在练习法中，学生通过对课题作业中的具体问题的分析，从中找出与所学知识、技能相关的要素，再运用相应的知识和技能来解决问题，从而达到对知识、技能的深入理解和巩固。该方法在培养学生克服困难，形成认真的工作态度方面也有重要的作用。

6. 实验法

实验法是在教师指导下，学生运用一定的实验设备，按一定的实验程序进行独立的实验以验证知识与规律的方法。采用此方法的目的是通过学生亲自操作，让学生去观察、探究和印证所学的知识和规律。它对培养学生严谨的科学态度和求实的精神起着重要的作用。如果目的是让学生获得感性认识，为理论学习打下基础，则实验应放在相应的理论学习前进行；如果实验的目的是验证理论，加深对理论的理解，则放在相应的理论学习后进行。

7. 实习作业法

实习作业法是由教师组织学生在校内校外进行较长时间的实践操作，目的是将课堂上习得的知识、技能运用于实践，从而获得理论与实践相结合的能力。培养学生创造性地解决实际问题的能力，应采用实习作业法。

二、与动作技能学习结果有关的教学方法

与动作技能学习结果相关的方法有两种：示范—模仿法和练习—反馈法。

1. 示范—模仿法

示范—模仿法是通过教师示范和学生模仿来进行动作技能教学的方法。它适用于实验技能、体育技能、演奏技能、朗诵技能等的学习。为了让学生加深对动作要领的理解，防止学生机械、盲目地模仿，教师的示范要配以适当的讲解。

2. 练习—反馈法

动作技能构成行为的基础，通常由动作的速度、准确性、力量或身体的平衡机能来衡量其完成动作的质量。在初步掌握动作流程的基础上，通过练习且在练习后都有反馈，能让学习者知道自己的动作与期望的动作之间的差距，以便在下一次练习时加以改进，从而提升动作的速度、力量和准确性。动作技能练习的反馈，可以采用录像技术，录下动作，反馈给教师和练习者本人，以便于他们分析，找到差距，继续练习，直到达到期望的动作水平。

三、与情感态度学习结果有关的教学方法

与情感态度学习结果有关的教学方法主要有：直接强化法、间接强化法和角色扮演法。

1. 直接强化法

态度的形成表现为对一系列相关行为的选择上。直接强化法是在学习者经过内部思考后选择某一期望行为时，给予其及时的肯定和鼓励的方法，也可以是在某些期望的行为产生后，帮助学习者通过完成任务获得成功的喜悦的一种方法。

2. 间接强化法

该方法是让学习者从其偶像的身上观察和学习"态度"。让学习者通过电影、电视、报

刊、书籍、网络等媒体上看到偶像所做的期望行为和行为后的满意感,从而使他们间接感受到对正确态度的强化。

3.角色扮演法

创设一定的情境,让学生在情境中扮演某一角色,通过角色的行为选择来强化学生对该行为选择的愉快感受,从而改变学生在真实社会中的相应态度。此法有利于学生正确的社会情感的养成和一定的鉴赏能力的形成。

上面陈述了多种教学方法,在教学设计时如何去选择合适的方法呢?这需要教师或教学设计人员注意考虑学习者的情况、学习目标、学科特点,综合现有条件和教师自身的特点来考虑选用什么样的方法。

思考与行动

选择你所关注的三种教学方法进行比较,结果用表格形式呈现出来。

_____

_____

_____

_____

> ✦ **学习成果记录**

第三节 教学媒体资源的选择与开发

信息的呈现方式有赖于媒体的支持。多媒体计算机给我们带来了信息的多种呈现方式:文字、图片、声音、视频、动画、图表等。它让我们教学信息的呈现更为生动。但如何开发相应的多媒体教学资源来服务于我们的教学,需要系统学习相关知识和技术。同时,这并不意味着,在我们的教学中,只需要多媒体计算机一种媒体就行了。希望通过本节的学习,教师能在自己的教学中,对教学媒体资源有正确的选择。

✎ 知识要点

一、媒体、教学媒体与教学信息资源

1.媒体

符号是信息的载体；媒体是符号的载体。媒体分为自然媒体和人工媒体。一切自然物均属于自然媒体，这些媒体上承载着自然符号或人工符号。人工媒体则是利用印刷技术、视听技术、基于计算机的技术、整合技术和人际交流技术（含设计、制作、传递）等开发出来的存储、呈现、传递、处理符号的实体。

2.教学媒体

所谓教学媒体是指直接出现在教学活动中的以传递教学需要的信息为目的的媒体。同样，教学中有可能用到自然媒体或人工媒体。从某种意义上说，有了教学活动，就有了教学手段和媒体工具。在不同时期，各种教学媒体在教学中所起的作用有所不同。

3.教学信息资源

系统而有组织地利用自然或人工媒体来存储、呈现、传递教学信息的所有符号资源的总和，我们把它叫作教学信息资源。不同媒体其教学信息资源表现的形式可能不同，教学信息资源开发的工具和方法可能不一样。目前，基于多媒体计算机网络媒体开发的教学信息资源形式有：文字资源、图形图像资源、视频资源、动画资源、音频资源及上述几种组合起来的多媒体教学信息资源。教学信息资源的开发目标：更有利于呈现让学生容易接受和理解的教学信息，更全面地提供事物的整体信息。

二、教学媒体资源的选择

没有一种媒体能对任何学习目标和所有学习者都发生最佳的作用，但是，对于某些具体的教学目标来说，还是存在某种媒体，其传递教学信息的效果明显优于其他媒体，且有一套充分发挥其功能的固有法则。因此，就有了媒体选择的必要性和意义。

所谓教学媒体的选择是指在一定的教学要求和条件下，选出一种或一组适宜可行的教学媒体。

1.影响媒体选择的因素

影响媒体选择的因素有：教学目标、任务类型；学生特征；媒体特征与教学功能；媒体材料易获得性及使用条件；媒体成本效益；教师对媒体的掌握与偏爱。

2.教学媒体资源选择原则

（1）目标控制原则。

教学目标是贯穿教学活动全过程的指导思想，它不仅规定教师进行教学活动的内容和方式，指导学生对知识内容的选择和吸收，而且还控制媒体类型和媒体内容的选择。

（2）内容符合原则。

学科内容不同，适用的教学媒体也不同；即使同一学科，各章节的内容不一样，对教学媒体的要求也不一样，对教学媒体的选用和设计应以符合教学内容为原则。

（3）对象适应原则。

不同年龄阶段的学生其认知特征有很大差别。因此，在进行教学媒体的选择与设计时,必须充分考虑不同年龄阶段学生的认知特点,绝不能套用某种固定的、僵化的模式。否则将会喧宾夺主,从形式上看很生动、很美观,而内容却无助于学生认知能力的发展,最终将无法实现预定的教学目标。

三、教学媒体资源选择的方法

目前已开发出的媒体选择的方法较多,如问题表、工作单、矩阵式、算法式和流程图等,以下就其中常用的几种方法做一介绍。

1. 算法式

算法式是通过模糊的数值计算决定媒体选择的一种方法。在运用此方法时,一般先对备选媒体使用的代价、功能和管理上的可行性等诸因素都给一个定值,然后对备选媒体的效益指数运用公式加以运算,从而确定优选媒体。其具体算法是:

$$备选媒体的效益指数＝功能(媒体)/代价(媒体)$$

我们可以通过对两种或两种以上备选媒体的效益指数的比较,最终确定所选媒体。

2. 矩阵式

矩阵式最早是由威廉姆·埃伦(William Allen)提出的。他的矩阵式主要由两个维度组成,一个维度是特定的媒体,另一个维度是特定的学习目标和学习类型,学习目标、学习类型和媒体的使用效果三者的关系构成了矩阵团。

著名教育心理学家加涅以自己的九阶段教学事件作为矩阵式的一个维度,以媒体的种类为另一维度,提出了媒体选择的另一矩阵式。

矩阵式通常是两维排列,除了两维矩阵外,还有“一维分类”和“多维排列”的媒体选择方法,如:比较受推崇的戴尔(E. Dale)的“经验之塔”就是典型的一维排列;后者如托斯梯(D. T. Tosti)和鲍尔(J. R. Ball)的“六维排列”方法。

3. 流程图

流程图是建立在问题表方法基础上的、根据计算机的算法程序设计的一种比较复杂的具体选择方法。它将选择过程分解成一套按序排列的步骤,每一步骤都设有一个问题,根据对问题的“是”或“否”的回答,被引入不同的逻辑分支。回答完最后一个问题,就基本上确定了一种或一组被认为是最适合于特定教学情景的媒体。目前已开发出的流程图有多种形式,较有影响的有美国著名教学设计专家肯普提出的针对集体化教学、小组教学和个别化教学三种不同教学组织形式的媒体选择流程图,英国的教育技术专家罗密佐斯基(A. J. Romiszowski)提出的视觉媒体选择流程图,中国何克抗教授提出的视觉媒体和听觉媒体选择的流程图。

四、教学信息资源开发的主要途径

根据信息符号形式的不同,教学信息资源分为文字资源、图形图像资源、视频资源、动画资源、音频资源等。每种信息资源的开发工具和方法有所不同。如:目前主要用 Word 和 WPS 来开发文字资源;用 Visio、Photoshop 来开发图形图像资源;用 GoldWave 开发音频资源;用 Flash 来开发动画资源;用 Premiere 或会声会影开发视频资源。

思考与行动

比较实物媒体与多媒体所呈现的信息的异同。

_____

_____

_____

_____

✔ 学习成果记录

第四节　教学事件及教学程序

教学活动总是由一系列以促进学习的方式影响学习者的事件组成的。因此教学事件的设计是教学是否能有效影响和帮助到学习者的关键。好的教学事件，还必须有好的呈现过程，事件之间的逻辑关系决定了事件出现的先后顺序。

知识要点

一、教学事件、教学活动与教学程序

1.教学事件

教学事件是教学中为帮助学习者的学习所设计的教学活动。加涅曾根据信息加工过程，确定了教学过程中的九大教学事件：引起注意、告知目标、激活原有相关知识、呈现刺激材料、提供学习指导、引发学习行为、提供反馈、评估学习行为、促进记忆与迁移。在具体教学中，针对不同学生、不同学习内容可对这九大事件进行选择性的设计。

2.教学活动

教学活动是教学过程中教师和学生行为的总和。一方面是教师行为，另一方面是学生行为。教师在教学活动中起引领作用，因此教师的活动具有目标导向、示范、提供帮助等作用；学生在教学活动中是学习的主体，其活动具有辨识、探索、模拟、练习以获取知识和训练思维和技能的作用。加涅又把教学活动叫作教学事件。它是教师在教学设计时需根据学生情况和教学内容特点重点要设计的内容。

3.教学程序

教学程序是教学过程中所设计的教学活动(或教学事件)的进行流程,是教学设计成果的具体表现的核心成分,是保障教学并取得实效的重要的一环。它反映了教师对课堂教学进程的总体组织和安排。

二、我国常用的几种教学程序

1.传递—接受程序

这是我国学校教育实践中普遍采用、广为人知的一种教学程序,主要用于认知领域的教学目标。

它的基本过程是:激发学习动机→复习旧课→讲授新课→巩固运用→检查。

这种程序由教师直接控制教学过程,按照学生认知活动规律加以规划。通过教师的传授,学生对所学的内容由感知到理解,达到领会,然后再组织学生练习,巩固运用所学的内容,最后检查或组织学生自我检查学习的效果。

这种程序的特点是能使学生比较迅速有效地在单位时间内掌握较多的知识,比较突出地体现了教学作为一种简约的认识过程的特性,所以它能在实践中长盛不衰。但由于采用这种程序时,学生客观上处于接受教师所提供信息的地位,因此不利于他们学习主动性的发挥,多年来为此一直受到各方面的批评和指责。然而正如奥苏贝尔指出的,接受学习不一定都是机械的、被动的,关键是教师传授的内容是否是具有潜在意义的教学材料,能否与学生原有的认知结构建立实质性的联系,以及教师能否积极主动地从原有的知识体系中提取最有关联的旧知识来"固定"或"类属"新知识。如果能做到这一点,接受学习在掌握知识和技能中所具有的独特功能就无法否定了。

2.引导—发现程序

这是一种以问题为中心,注重学生独立活动,着眼于创造性思维能力培养的教学程序,也比较适用于认知领域的教学目标。

它主要是根据杜威、布鲁纳等人先后倡导的问题→假设→推理→验证→结论的过程而提出的。

在"问题"阶段,教师提出的问题一定要难易适度,并能使学生明确问题的指向性。在"假设"阶段,教师应尽量在诱发性的问题情境中引导学生通过分析、综合、比较、类推等不断产生假设,并围绕假设进行推理,引导他们将原有的各种片面知识从各个不同的角度加以改组,从中发现必然的联系,逐步形成比较确切的概念。在"验证"阶段,教师通过进一步提供具体事例,要求学生去辨认,或由学生自己提出事实来说明所获得的概念。在"结论"阶段,教师引导学生回顾学习活动,分析自己的思维过程和方法,使之对学习结果感到满意。

这种程序的一大功能在于使学生学会如何学习,如怎样发现问题和加工信息,怎样推理和验证所提出的假设,因而有利于培养学生的探究能力。它的局限性在于比较适合于数理学科,需要学生具有一定的先行经验提供。

3.示范—模仿程序

这种教学程序特别适用于动作技能领域的教学目标。通过这种程序进行教学的一些基本技能,如读、写、算以及各种行为技能对人的一生都是十分有用的。

它的基本过程是:定向→参与练习→自主练习→迁移。

在"定向"阶段,教师既要向学生阐明所需掌握的行为技能并解释完成技能的操作原理,又要向学生演示具体的动作,学生则明确要学会的行为技能并解释完成技能的要求;在"参与练习"阶段,教师指导学生从分解动作的模仿开始练习,并对每次练习提供反馈信息,给予及时的强化,使学生对所学的部分动作由不够精确、不太定时而逐渐走向精确、定时,并使一些不正确的动作得到消除;在"自主练习"阶段,当学生已基本掌握了动作要领,并由单个的下属技能逐步结合成总括技能时,就可以脱离教师的临场指导,通过加大活动量使技能更加熟练;在"迁移"阶段,学生不需要通过思考就能完成行为技能的操作步骤,并模仿教师的示范,把习得技能运用于其他的情境,或与其他的习得技能组合,构成更为综合性的能力。

4.情境—陶冶程序

这种教学程序最具有代表性的是由保加利亚心理学家洛扎诺夫首创的暗示教学,它主要适用于情感领域的教学目标。

它的基本过程是:创设情境→参与各类活动→总结转化。

在创设情境阶段,教师通过语言描绘、实物展示、音乐渲染等手段,为学生创设一个生动形象的场景,以激起学生的情绪,有时也可以利用环境的有利因素进行;在自主活动阶段,教师安排学生加入游戏、唱歌、听音乐、表演、谈话、操作等,使他们在特定的情境中主动积极地从事各种智力操作,在潜移默化中进行学习;在总结转化阶段,通过教师启发总结,学生领悟所学内容主题的情感基调,达到情感与理智的统一,并使这些认识和经验转化成为指导其思想、行为的准则。

三、当代国外几种有影响的教学程序

当代国外有影响的几种教学程序是:概念学习(以布鲁纳为代表);先行组织者(以奥苏贝尔为代表);掌握学习(以布卢姆为代表);指导学习(以加涅为代表)。

1.概念学习

概念学习模式是一种对较为复杂的概念进行教学的程序。

它的基本过程是:呈示资料→确认属性→验证概念→分析策略。

概念学习模式分为接受程序和选择程序。接受程序与选择程序之间的主要区别在于教师向学生提供的相关信息(实际例子)的标记和排列方面。在接受程序中,例证主要由教师提供,教师呈现大多是有标记的实例;而在选择程序中,只有当学生询问实例的"是"或"否"时,教师才给实例以标记,学生为了获得概念,可以通过挑选自己要探究的实例来对例证的排列加以控制。接受程序与"传递—接受"程序类似;选择程序与"引导—发现"程序类似。

概念学习模式是一种归纳的信息加工模式,学生从观察实际例子开始,形成抽象概念,而不是从概念的定义出发扩展到实例。实例是获得概念的基础,必须特别关注实例的选择和排列。教师要防止把最后的假设(概念)判断直接告诉给学生,应该设法让学生自已去验明假设。

2.先行组织者

先行组织者是一种适合认知领域学习目标的教学程序。

它的基本过程是:提出先行组织者→逐步分化→综合贯通。

奥苏贝尔认为,促进学习和防止干扰的最有效的措施是利用适当的、相关的和包摄性广的、最清晰的和最稳定的引导性材料——"组织者"。将组织者放在学习内容呈现之前介绍,目的在于用它们来帮助确立意义学习的方向,让学生在"已知"与"需知"之间架起桥梁,因此称之为"先行组织者"。

教师在"提出先行组织者"阶段,通过媒体呈现包含较广含义的概念引导性材料,为教与学提供方向。在"逐步分化"阶段,教师根据结构提纲和层次材料将较大范围的概念逐步分解为较小范围的概念,并用实例说明概念,识别或讨论某概念和特性。在"综合贯通"阶段,教师以讲解或提问的方式,通过对每一层的概念之间的相似点和不同点的详细分析,帮助学生把各个经过分化的独立概念作为连贯的整体知识的组成部分加以掌握。

奥苏贝尔还区分了两类组织者,一类是"说明性组织者",另一类是"比较性组织者"。"说明性组织者"提供适当的类属者,与新的学习内容产生一种上位关系,适用于对学生来说所学材料完全是新的和陌生的情境。"比较性组织者"既可用于新观念与认知结构中基本类似观念的整合,又可用于增强本质不同而表面相似的新旧观念之间的可辨别性,适用于对学生来讲所学材料需有一定经验为基础的学习情境。

3.掌握学习

掌握学习是一种将教学过程与学生的个别需要和特征联系起来,让大多数学生都能够掌握所学内容的一种教学程序。

它的基本过程是:学生定向→常规授课→揭示差错→矫正差错→再次评价。

在"学生定向"阶段,教师要向学生详细说明学习目标或课题,使学生了解所谓的掌握意味着什么,必须提供哪些证据以证实自己已经达到掌握的目标要求。在"常规授课"阶段,教师通过"传递—接受""引导—发现""示范—模仿"等途径把教学内容呈现给学生。在"揭示差错"阶段,教师采用简要的诊断式的形成性评价测试以了解学生掌握知识的情况,明确还有哪些差距和错误,及时反馈给学生。在"矫正差错"阶段,教师需根据存在差距学生的比例,尽快通过集体复习、小组交流、个别辅导等措施为学生提供矫正差错的机会。在"再次评价"阶段,教师针对上一阶段存在的差错,对学生进行第二次形成性评价,学生只需对上一阶段存在差错的题目进行回答;如若学生还回答有误,想办法通过其他方式来给予解决。形成性评价是掌握学习程序中的重要评价方法和手段。

布卢姆等学者认为,只要提供需要的时间和帮助,绝大多数学生都能掌握教学目标的要求,只是不同学习者对学习特定课题所需时间和对媒体的喜好不同。一个能够及时揭示和纠正学习差错的教学反馈系统,能使几乎所有的学习者都有效和快乐地进行学习。

4.指导学习

指导学习是加涅根据他对学习过程和教学阶段的理解所提出的一种教学程序。

它的基本过程是:引起注意→告知目标→刺激回忆→呈现材料→提供指导→诱发行为→提供反馈→评定行为→促进迁移。

在"引起注意"阶段,教师通过多种途径使教学活动与学生的兴趣相关联,以唤起学生对教学内容的关注,进而接受;在"告知目标"阶段,教师要让学生知道在学习结束时能达到什么水平,让学生有所期望;在"刺激回忆"阶段,教师要激发学生回忆以前学到的相关内容以利于对新知识的理解和掌握,让学生的工作记忆处于检索状态;在"呈现材料"阶段,教师运用恰当的媒体向学生再现与新知识相关的信息,让学生选择性感知学习内容;在"提供指导"阶段,教师应根据学生对新知识的领会程度,适当地指导学生为有意义的习得进行分析和综合,促进学生对教学内容进行语义编码;在"诱发行为"阶段,教师通过让学生参与设计的教学活动,从活动中展示学生对学习内容的接受情况,以各种方式促使学生作出真实反应;在"提供反馈"阶段,教师要让学生知道自己的学习结果是否达成,用肯定性反馈使学生的学习得到强化;在"评定行为"阶段,教师通过各种形式的测试,促使学生进一步回忆和整合新知识,对学生的学习行为做出价值判断,让学生进一步对相关信息进行检索和强化;在"促进迁移"阶段,教师采用间隔复习的方式,增强学生对已习得的知识的保持,并提供相应的策略帮助学生将新知识贯穿到后续的学习内容中去(纵向迁移)或把新知识运用于相似而不相同的其他情境(横向迁移)。

指导学习程序是基于学习的内外部条件进行的,强调了教师在各个环节的指导作用。九大教学事件,教师可根据实际情况选择性地加以组合使用。

思考与行动

自行选择课题,试着对其进行设计(包括前端分析和策略的制定)。

_____

_____

_____

_____

✿ 学习成果记录

第八章　教学评价与设计

案例

鲍威尔家的孩子们很小就明白,罗德尼的身上寄托了全家人对他的成才希望。从13岁起,他就在课余时间打零工,省吃俭用,为上大学筹备资金。他的生活就是一个美国黑人男孩生活的翻版。《星期六晚间邮报》封面上的一个肖像人物诺曼·洛克威尔的新版本——一位举止优雅、彬彬有礼的青年,他学业优异、工作体面、勤俭节约、生活目标明确……

学校想让他进入职业学校而非学术性学校……指导顾问是个在对谁该上大学谁不该上大学问题上有着固执的传统观念的白人女性。她认为罗德尼的才能在商业方面。这种商业才能在社会上既不被人轻视也并非不受人承认。所以,如果罗德尼工作努力而又行为检点的话,他可以生活得很好。当他争辩说,上大学是一家人的夙愿时,她却努力使他意识到自己没有摆正自己的位置:"你父亲是个体力劳动者,所以你必须明白你生活中的局限性。不过也不要消沉,在你的生命中你会做一些有价值的事情的。"

起初罗德尼努力为自己申辩。他试图解释自己的成绩很好,自己的才能不仅仅只是在商业上,而且他和家人已经攒够了上大学的费用。但是她却无动于衷地说:"大学并不是为所有人办的。"罗德尼一直坚持着。除了其他原因外,他明白学业的优秀增强了自己的自尊心。优异的成绩证明了自己的实力,也证明了一个黑人男孩所能做到的事情。然而不论他怎样努力也无法说服她。

因为他周围的人都思想简单、受教育程度低,所以觉得没有能力去学校替他说话。然而附近有一个对他十分关爱的姓克罗兹尔的黑人家庭,埃德娜·克罗兹尔的孩子们已经长大,自己平日只是做做家务,但她却对教育很热心。她非常了解罗德尼,而且比他那有点儿谨小慎微的父母亲能够更快地去挑战命运的不公。于是挺身而出,替孩子去找学校理论。在那里听了一连串的说罗德尼不是上大学的料的话之后,埃德娜反击道,罗德尼的父母的确很穷,家里也从来没有人上过大学,但是,这一切恰好正是给他上大学机会的理由。她说:"看看他优异的成绩吧!假如他是个白人,他的父母只是个体力劳动者,但他却取得了这么优异的成绩,你还会告诉他去读职业学校吗?"指导顾问依然坚持己见:"他付不起学费,没有什么前途,生活就是这样。"但埃德娜立场坚定地说:"我们要求你的仅仅是给他一次机会,为什么你不这样做呢?"她是一个坚强的女人,她赢了。罗德尼被安排在了往学术方向发展的X班。之后,他上了培养学术性人才的高中,并且为积攒大学学费而打了好几份工……

——布鲁斯·乔伊斯等《教学模式》

名人名言

从本质上讲,评价更有可能在传统的教学情境中提出质疑,因为传统教学与我们现在所讨论的教学实践不一致。评价通常被看作对材料内容、教学方法或者其他方面的有效与否的考查,但这仅仅是评价的一个次要功能。评价所具有的最重要的功能就是提供高见来改善现状……

——杰罗姆·布鲁纳(Jerome S. Bruner)《教学论》

知识要点

第一节　教学评价概述

一、教学评价的含义辨析

作为一个常规性教学用语,给教学评价下定义似乎对于任何从事教育行业的人来说都不是难事。不过,也正因为如此,尽管在各种期刊报纸中有关教学评价的论断众说纷纭,但却没有一本权威的字典给予明确的解释。于是,我们有必要梳理一下各种类型的教学评价定义,以便从中总结归纳出具有一定程度普适性的内容,进而深入把握教学评价的含义。

第一,将教学评价视为考试:教学评价主要是指对学生学习成绩的评价,评价的手段和方式主要依靠各种不同类型的考试,其中的典型形式就是客观性标准测试;教学评价主要是指对学生的考核,考试是学生学习一个很重要的"指挥棒",除了教学中结业考试外,还有社会上的很多考试,如各种"等级考试""认证考试"等。

第二,将教学评价视为教育评价的一部分:教学评价是指以教学为评价对象的教育评价,即按照一定的标准,运用科学可行的方法对教学活动所进行的价值判断的过程;教学评价是指对学校教育工作的评价,包括对教师教和学生学的评价,具体表现为课堂教学的评价、教学方法的评价、学生学习成绩的评价、教学管理的评价等。

第三,将教学评价视为对学生的评价:教学评价是指系统地收集有关学生学习行为的资料加以分析处理,根据预定的教学目标给予价值判断的历程;教学评价是指教学活动中按一定的标准或短期目标对受教育者的发展变化及构成其变化的诸种因素进行价值判断。

第四,将教学评价视为对教师的评价:教学评价是把教学工作作为客观存在的对象予以测量、分析和判定;教学评价是指对教学过程和教学成效给予价值上的判断,为改进教学、提高教学质量提供可靠的信息和科学依据;教学评价是教学工作的一个基本环节,有定性和定量评价两方面的含义。

综上所述,每一种教学评价的定义都有一定道理,但又都是不全面的。我们认为,需要从以下六个方面来明确教学评价的概念范畴:教学评价既是对教的评价,也是对学的评价;教学评价既是对教师的评价,也是对学生的评价;教学评价既是对过程的评价,也是对结果的评价;教学评价既是定量评价,又是定性评价;教学评价既要有明确的目标,也要有参照标准和科学方法;教学评价既要服务于教与学,又要服务于教师发展与学生成长,还要服务于教育事业。

二、教学评价的历史考察

纵观教学评价的发展历程,大体可以分为考试、测量、评价等三个阶段。通过了解不同时期教学评价的特点,能够深入认识各种评价形式的优劣和合理选择评价手段。

1. 考试阶段

教学评价是伴随着教学活动一起出现的。我国是最早采用考试形式进行教学评价的国家,公元 606 年开始的科举考试被公认为是世界上最早的教学评价,《学记》中就对这种评价的考试内容进行了详细规定。在西方,大学考试运用口试是在 1219 年,中学采用笔试是在 1599 年,毕业考试论文式的作业考试是在 1787 年,法国于 1791 年参照我国科举制度建立了文官考试制度。

近代以来,随着学校教学制度的建立,考试成为开展教学评价最重要的,甚至是唯一的方法。考试能够检查学生记忆知识,检验学生表达能力,对于鉴定和选拔人才有着非常积极作用。最为重要的是,考试的效果和效率是比较明显的,尤其是当教育发展处于初级阶段,各种教学评价手段尚不成熟时,对于规范教学过程和行为具有重要价值。不过,考试也存在天然的缺陷,如考试内容过于单一,过于关注陈述性的知识,偏重知识点的死记硬背,命题也缺乏科学性,无法保证评分标准的客观性和权威性。

2. 测量阶段

19 世纪末 20 世纪初,随着实验心理学的开展和教育统计学的成熟,教学评价开始发展到测量阶段。1905 年,美国教育心理学家桑代克(E. L. Thorndike)出版了《精神与社会测量导论》一书,提出:"凡存在的东西都有数量,凡是有数量的东西都可以测量。"作为一本划时代的巨著,它标志着教学测量运动的开始。于是,20 世纪初,各种测验量表相继涌现,迅速拉开了教育测验运动的序幕,桑代克也被称为"教育测量之父"。此后 20 年中,美国竟然出现了 3000 多种测量方法。

作为评价方式,教学测量的出现具有划时代的意义,标志着教学评价由经验性向科学性转化,这种强调运用实证化、数量化的手段评价学生发展的方式,相比于传统考试更为客观准确。不过,测量关注的主要是如何科学地解决教学信息的收集问题,评价者扮演着技术员的角色,存在数字衡量一切的倾向性,显得比较机械,存在矫枉过正的问题,因此过于数量化有可能破坏教学过程的完整性。

3. 评价阶段

20 世纪 30 年代,美国"进步教育协会"发起了一项著名的"八年研究",对美国中学的课程进行了历时八年(1934—1942)的尝试性改革,由泰勒领导的评价委员会通过艰苦努力,提出了教育评价的指导思想、设计原理和原则,强调评价必须建立在清晰陈述目标的基础上,根据目标来评价教育效果,促进目标实现。这是第一次提出具有现代意义的评价理念,标志着从测量走向评价的重大转折。

20 世纪 50 年代以后,由于社会条件的变化,对评价需求迅速增加,在评价领域不断扩大的形势下,许多人从不同的需要、不同的观点出发,提出了更多不同的评价模式,使得教学评价的理论与实践体系更趋完善,并逐渐发展成为一个具有独立研究价值的科学领域,甚至成立了"国际成就评价协会"(简称 IEA)。20 世纪 80 年代以来,在经历了多种理论形态之后,教学评价出现崭新的发展理念,即基于人本主义的评价理念,追求评价者与被评价对象之间的相互作用、共同建构和全面参与,对教学评价作了有益的反思和建设性构想,也对评价中不同价值体系存在着的差异进行协调。

现代教学评价在运用现代思想方法的同时,并不否定考试和测量,而是把考试和测量作为基础性手段,来收集教学的信息,获得客观的数据,在进一步分析、综合的基础上进行价值判断。随着第四代评价理论的兴起,其技术方法更科学、更先进,其目的是创造适合儿童学习的教育,突破了对学习结果进行评定的单一范畴,在技术上做到定性和定量分析结合,同时也重视被评价者的积极参与。

三、教学评价的基本功能

教学评价对整个教学过程有着积极作用,其功能表现在以下几个方面:

1. 导向功能

按照教育方针、课程计划规定的学校培养目标,各科教学大纲规定的教学目的、任务、内容,是教学评价的基本依据,它们是通过教师的教和学生的学的具体活动实现的。在评价过程中,把师生的活动分解成若干部分,并制定出评价标准。根据这些标准判定师生的活动是否偏离了正确的教学轨道,偏离了教育方针和教学目标,有无全面完成各科教学大纲规定的目的和任务,从而保证教学始终沿着正确的方向发展。教学评价有利于各级各类学校端正教学指导思想和办学方向。

2. 鉴别和选择功能

教学评价可以了解教师教学的效果和水平、优点和缺点、矛盾和问题,以便对教师进行考察和鉴别。这有助于学校和教育行政领导决定教师的聘用和晋升,有助于在了解教师状况的基础上,安排教师的进修与提高。教学评价能对学生在知识掌握和能力发展上的程度作出区分,从而分出等级,为升留级、选择课程、指导学职业定向提供依据,为选拔、分配、使用人才提供参考。同时,也是向家长、社会、有关部门报告和阐释学生学习状况的依据。

3. 反馈功能

教学评价,能使教师和学生知道教学过程的结果,及时地提供反馈信息。反馈信息在教学中具有重要的调节作用。信息工程学表明,只有通过反馈信息来调节行为,才有可能达到一定的目标。教师获得评价的反馈信息,能及时地调节自己的教学工作,能使教师了解自己的教学方法和教学过程组织中的某些不足,诊断出学生在学习上存在的问题与困难;可使教师明确教学的目标和实现程度,明确教学活动中所采取的形式和方法是否有利于促进教学目标的实现,从而为改进教学提供依据。学生获得反馈信息,能加深对自己当前学习状况的了解,确定适合自己的学习目标,从而调整自己的学习。此外,还能起到激发学生学习动机的作用。研究表明,经常对学生进行记录成绩的测验,并加以适当的评定,可以有效地激发并调动学生的学习兴趣,推动课堂学习。

4. 咨询决策功能

科学的教学评价是教学工作决策的基础。只有对教学工作有全面和准确的了解,才能作出正确的决策。例如,1981年美国教育部组织了一次历经18个月的教育评价活动。在教学方面评价后,明确指出:由于学校课程平淡,学生学习时间短,鼓励学生学习的措施减少,教学质量下降,培养出越来越多的庸才。对教学工作的这个评价结果,在美国引起了强烈反响,有50个州对学校教学进行了决策,采取了以下措施:提高教学要求,延长学生学习时间,改革课程设置、教学内容和方法,有计划地培训教师,提高教师水平。教学决策实践表明,任何科学的教学决策都是建立在教学评价提供的具有说服力的评价结果基础上的。

5. 强化功能

教学评价可以调动教师教学工作的积极性,激起学生学习的内部动因,维持教学过程中师生适度的紧张状态,可以使教师和学生把注意力集中在教学任务的某些重要部分。实验证明,适时地、客观地对教师教学工作作出评价,可使教师明确教学中取得的成就和需要努力的方向,可促使教师进一步研究教学内容、教学方法,以提高自己的教学水平。

对于学生来说,教师的表扬、鼓励、学习成绩测验等,可以提高学习的积极性和学习效果。同时,评价能促进学生根据外部获得的经验,学会独立地评价自己的学习结果,即自我评价。自我评价有助于学生成绩的提高。

6.竞争功能

教学评价尽管不要求排名次等级,但其结果的类比性是客观存在的。如通过学生的学习成果评价,就能引起任课教师之间、学生之间、班级之间、学科之间的横向比较,从而了解到教师、学生、本班、本学科的优势和劣势,看到差距,认识到自己在总体中的相对地位,客观上能起到竞争的作用。

思考与行动

1.陈述教学评价、教学测量、测验之间的区别。

2.你认为评价最重要的功能是什么?

3.阐述教学评价在教师的教学和学生的学习中的作用。

_____

_____

_____

_____

_____

> ❖ 学习成果记录

第二节　教学评价的分类

根据不同标准,教学评价可以区分出不同类型。下面介绍几种常见的教学评价分类。

一、根据评价在教学中的作用分类

根据评价在教学活动中发挥作用的不同,可把教学评价分为诊断性评价、形成性评价和总结性评价三种类型,如表8-1所示。

1.诊断性评价

诊断性评价是指在教学活动开始前,对评价对象的学习准备程度做出鉴定,以便采取相应措施使教学计划顺利、有效实施而进行的测定性评价。诊断性评价的实施时间,一般在课程、学期、学年开始或教学过程中需要的时候。其作用主要有二：一是，确定学生的学习准备程度；二是，适当安置学生。

2.形成性评价

形成性评价是在教学过程中，为调节和完善教学活动，保证教学目标得以实现而进行的确定学生学习成果的评价。形成性评价的主要目的是改进、完善教学过程，评价的步骤是：第一，确定形成性学习单元的目标和内容，分析其包含要点和各要点的层次关系。第二，实施形成性测试。测试包括所测单元的所有重点，测试进行后教师要及时分析结果，同学生一起改进、巩固教学。第三，实施平行性测试。其目的是对学生所学知识加以复习巩固，确保掌握并为后期学习奠定基础。

3.总结性评价

总结性评价是以预先设定的教学目标为基准，对评价对象达成目标的程度即教学效果做出评价。总结性评价注重考查学生掌握某门学科的整体程度，概括水平较高，测验内容范围较广，常在学期中或学期末进行，次数较少。

表8-1 诊断性评价、形成性评价和总结性评价对照

种类	诊断性评价	形成性评价	总结性评价
时间	教学开始前	教学过程中	教学结束时
内容	对学生现有的知识水平、能力发展的评价	对学生知识掌握和能力发展的常规性测评和反馈	对学生学习的成果进行正规的、制度化的全面评定
类型	摸底考试	口头提问、课堂作业、书面测验	期末考试
目的	明确学生的预备知识与技能，以便更好地组织新授课的教学和改进教学方法	及时了解教学效果和发现问题，进而完善教学过程和提高质量，促进学生的学习与发展	全面了解学习情况，进行阶段性的教学总结，给学生一个权威性的成绩评定

二、根据评价的参照系分类

1.绝对评价法

绝对评价法是在被评价对象的集合以外确定一个客观标准，将评价对象与这一客观标准相比较，以判断其达到程度的评价方法。

绝对评价法设定评价对象以外的客观标准，考察教学目标是否达成，可以促使学生有的放矢，主动学习，并根据评价结果及时发现差距，调整自我，具有明显的教育意义。

2.相对评价法

相对评价法是从评价对象集合中选取一个或若干个对象作为基准，将余者与基准做比较，排出名次、比较优劣的评价法。相对评价法便于学生在相互比较中判断自己的位置，激发竞争意识。

3.个体内差异评价法

个体内差异评价法是以评价对象自身状况为基准，对评价对象进行价值判断的评价方法。在这种方法中，评价对象只与自身状况进行比较，包括自身现在成绩同过去成绩的比较，以及自身不同侧面的比较（如将学业测验结果与智能测验结果相比较，根据二者的相关程度确定学生的努力程度等）。

个体内差异评价法比较充分地照顾到学生的个性差异,力图减轻评价对象的压力。但是,它只是使评价对象与自身状况进行比较,既不是按照一定客观标准进行评价,亦无评价对象间的相互衡量,容易导致信度降低,学生自我满足,因此常与绝对评价、相对评价结合使用。

三、根据评价的标准分类

根据评价标准的不同,可以把教学评价分为常模参照评价和标准参照评价,前者以评价对象所处的群体作为参照系,后者是以理想或固定的目标作为参照系。

1.常模参照评价

常模参照评价是以学生所处的团体的平均成绩或团体中的常模作为参照标准,根据个体的相对位置(或名次)报告评价的结果。学生学习结果的好坏是相对的,在这个班是第一名,在全校有可能是第十名,在不同的标准下,他的位置不同,因此这种评价又称为相对性评价。它以某一类评价对象的群体的整体状况为参照,注意在群体内个人之间的比较,适用性强,应用范围广,特别适合区分学生的成绩水准,可供选拔、编班、分组之用。这种评价要求测验所获得的分数的变异性大,得分范围要广,充分显示个别类差,要求测验题目具备较高的区分度和鉴别力。这种评价重视名次排列,鼓励竞争,对学生的学习能起到监督考核作用,但缺少诊断作用,且易引起学生的焦虑。

2.标准参照评价

标准参照评价是在评价对象群体之外,预定一个客观的或理想的标准,并运用这个固定标准去评价每个对象的评价方式。评价时不考虑其他个体状况,因此也叫自我参照评价或绝对性评价。标准参照评价具有标准客观的特点,适合于鉴定资格和水平,所有的达标测验均属于这类评价。它注重课程目标的达成度,测评的内容、方法和程序规范、稳定和统一,有助于评价学生对某门课程的学习水平,降低了常模参照评价时带来的竞争方面的负面影响。它适合于基础知识、基本技能的测量,可用于诊断及个别指导。

四、其他评价分类

1.根据评价的计划性和组织性,分为正式评价和非正式评价

正式评价是指教学活动中比较正规、有目的、有计划的评价方式,如期末考试、教学督导等。非正式评价则是弥散在一切教学活动中,随处可见和比较随意的评价方式,经常是在不自觉的状态下进行的,如学生对某位老师的议论,教师对学生的发展变化特点的分析。非正式评价的特点是隐蔽性强,具有较强的主观性。在教学评价中应重视二者的结合。

2.根据评价者所关注的重点不同,分为过程评价和结果评价

这是根据评价者所关注的重点不同来划分的。结果评价强调教学的实际效果,关注教学目标的完成程度。过程评价重在对活动过程和发展过程的分析,重视教学过程的特点、师生主动性和创造性的发挥等。

3.根据教学评价的主体性,分为自我评价和他人评价

自我评价是指被评者自己根据一定的标准,对自己的学习、工作、品德等方面的表现所进行的教育评价,简称自评;自评易于开展,且能激发被评者的积极性。

他人评价是指被评者以外的人按照一定标准对被评者进行的教育评价,简称他评;他评较为严格、慎重、客观,结论更权威,但组织难度相对大,评价成本高。

思考与行动

1. 陈述教学评价的分类，并谈谈对你的启示。
2. 尝试对你经历的印象深刻的教学进行评价，给出评价的依据。

_____

_____

_____

_____

_____

> ⚘ **学习成果记录**

第三节　教学评价设计

一、教学评价设计的目的

教学评价体系是实现课程目标的重要保障。对学生学习的评价，既要关注其对知识和各项技能的掌握，又要重视学生运用知识和各项技能的能力发展，同时还要重视其在学习过程中的情感态度和相应的表现。如何才能做到呢？这就要求老师制订好教学评价方案，也就是对教学评价进行设计。

在教学过程中，我们应该弄清楚评价的目的。首先，教学评价要起到一种检测的作用。看一看学生对语言的综合运用能力。例如：在讲美国英语和英国英语的区别时，我们就需要让学生获得一种理解能力，让他们知道这两种语言在日常生活中的使用。其次，教学评价设计还要起到一种激励作用。我们可以采取一些有趣的活动，例如游戏、竞争、演示、表演等，使学生参与其中，让他们能够在一种情境中较好地掌握和理解这两种语言的差别。然后，老师对学生的这些活动进行评价，这非常有益于学生更好地认识自我，树立自信。最后，评价还应起到使学生发展的作用。整个评价设计必须要考虑如何促进学生的发展。有效的评价应该有助于学生的反思和调控自己的学习过程，从而促进综合语言运用能力的不断发展。

总之,在进行教学评价时,教师要结合自己的教学目标、教学内容和学生的学习环境以及学生的个体差异等设计适合自己的教学和学生学习的评价工具,制定切实可行的评价标准。

二、教学评价设计的原则

1.目标性原则

教学评价的设计要以教学目标为依据,在教学之后,学习者在认知、情感和动作技能等方面是否产生了如教学目标所期待的变化,这是要通过教学评价来回答的,离开了明确具体的教学目标就无法进行教学评价。

2.关联性原则

设计教学评价时应关联教学目标与评价方式,追求不同评价方式的互补,通过多样化的评价方式和工具,促进学习目标的实现。

3.过程与结果统一原则

教学评价,既要评价教学的结果,也要对教学的过程,对教学中的方方面面进行评价。信息技术环境下的教学设计要改变以往过分重视总结性评价的教学评价方法,强调形成性评价、面向学习过程的评价,对学生在学习过程中的态度、兴趣、参与程度、任务完成情况以及学习过程中所形成的作品等进行评估。

4.客观性原则

在设计教学评价时,从测量的标准和方法到评价者所持的态度,特别是最终结果的评定,都应符合客观实际,不能主观臆断或掺入个人情感。

5.整体性原则

在设计教学评价时,要对教学活动的各个方面做多角度、全方位的评价,而不能以点代面,以偏概全。为此,教学评价应该具有多样化的特点,实现评价的主体、内容、方式、对象和标准的多元化和评价过程动态化。

6.指导性原则

在设计教学评价时,不能就事论事,而应把评价和指导结合起来,要对可能的评价结果进行认真分析,从不同角度探讨因果关系,确认产生的原因,设计具有启发性的应对方案,以帮助被评价者明确今后的努力方向。

三、教学评价设计的方法

(一)量规的设计

评价量规(rubric)是一个真实性评价工具,它是对学生的作品、成果、成长记录袋或者表现进行评价或者等级评定的一套标准。同时也是一个有效的教学工具,是连接教学与评价之间的一个重要桥梁。

常见的量规有核查表、分值系统、整体性和分析性量规。表8-2是一个分值系统的语文学科的教学评价量规[①]。

---

① http://scpx.cersp.com/article/browse/312016.jspx.

表8－2　课堂教学评价量规

类别	项　　目 一级指标	二级指标	三级指标	教师 课题	得分 评分细则	分值	等级系数 A 1.0	B 0.8	C 0.6	D 0.4
定量评价	教学思想				育人为本,注重发展;尊重差异,面向全体;突出主体,引导探究。					
	教学技能	基本技能			教态自然端庄,仪表大方;普通话规范;板书条理清晰,能体现探究问题的思路,揭示各知识点之间的联系。					
		综合技能			有较强的应变能力和驾驭课堂的能力,根据学情和生成性课堂的动态能及时调整教学;实验操作规范,能自制、改进教具,创设新的实验;能结合生活实际开发课程资源,利用效果较好;具有本学科及相关学科的知识,能从整体上更好地把握教材;教学方法、教学手段有一定的创新意识和创新能力。					
	教学过程	教学设计			目标符合课程标准、教材和学生实际学情,设置具有层次性、可操作性,表述清楚;情境创设能贴近学生的最近发展区,新颖有趣,能促使学生质疑,便于学生提出问题和发现问题,形成自学提纲;提示的方法明确有效,但不影响学生独立思考;问题的设计具有系统性、层次性和探究性,能控制学生学习的方向,引导学生主动参与问题的探究。					
		教学组织			以学生自主、自探、自悟、合作交流为主,将"中心"让位于学生,给他们留足思考、练习、交流的时间,关注全体学生(特别是学困生),适时指导,有效地为学生自主探究服务;教学民主,多鼓励表扬,能实现课堂信息和情感的多向互动交流;能体现"以学定教"的思想,课堂活而有序,反馈及时,坚持教师的"三讲三不讲"。					
	学习过程	参与状态			学生能全员、全程参与,参与方式多样化;能独立思考,能自觉、积极、主动、平等地参与问题的探究;能自主解决问题,尝试新的做法,有新的发现;能对学习材料、信息资源有所选择,进行概括、分析处理,不是一味机械地接受。					

类别	一级指标	二级指标	三级指标	课题 得分 评分细则	分值	A 1.0	B 0.8	C 0.6	D 0.4
定量评价	学习过程	交往状态		课堂氛围民主和谐,有利于实现信息和情感的多向交流;学生展现并发展个性,不单纯依赖别人,不盲目向别人看齐;积极进行评价(包括自我评价、评价他人和对师生评价的再评价),敢于发表自己的意见,敢于尝试操作,错了也不怕;能认真倾听别人意见,吸取他人的长处;能对学习活动进行自我调控,主动寻求合作伙伴,既有竞争又有合作。					
		思维状态		思维积极主动,能发现和提出问题;敢于向课本、教师等"权威"质疑问难,质疑的问题具有挑战性、价值性;有一定的质疑、释疑能力。					
		达成状态		能掌握基础知识,目标达成度高;能从具体问题的探究中初步形成自己的思路和方法;能初步感悟到自主、合作、交流是学习的主要方式,有一定的自学、自悟、自探的意识和创新意识,能联系实际创造性地解决问题。					
定性评价 (优、良、中、差)					评价者	教师自评( ) 学生评( ) 课题组评( )			

(二)档案袋的设计

档案袋是依据一定目的,收集反映学生学习过程中所做努力、取得进步、最终成果以及学习反思的一整套材料,是对个人作品的系统收集。我们在设计档案袋时要注意以下几点:为什么收集材料、收集什么材料、怎样收集材料、对材料的评价形式。据此,创建成长记录袋有以下几个步骤:

1.明确应用成长记录袋的目的与对象

首先要明确学习文件夹是教师用,还是学生用,因为用者不同其评价法也不同。学习文件夹评价中,最主要的特征是,评价主体和评价对象是同一个体。如果是教师用学习文件夹,当然评价的对象是课题与计划的情况(学习活动开展情况)等,即用于课程评价;如果是学生用学习文件夹,那就是学生学习与成长的个人评价。

2.确定成长记录袋的主题

课程标准为每一个学段的学生的学习、教师的教学设立了明确的目标,教师在教学过程中可以根据课程标准中的目标以及所用的教材,界定出一个清楚且具体的目标,并结合学生学习的现状,来确定成长记录袋的主题。

3.设计档案袋的内容

根据学习主题确定档案袋内容,包括收集什么、怎样收集和如何评价的问题。

(1)确定要收集的作品与数量。学习物品,包括自己和年级的问卷调查结果,自己的学习计划(包括记录学习内容的笔记),教师制作的活动日程、注意事项活页,照片,录音带,录像带,搜集到的各种资料,日记和作文,信件,图画,调查采访的记录,报纸文摘剪辑,各种草稿,完成的作品等;对这些物品要记载年月日、感想以及当时发生的事情等。

(2)明确成长记录袋的收集渠道、参与者及其作用。从哪里获取成长记录袋所需的作品和资料?成长记录袋的记录需要哪些参与者,学生、家长、教师或是管理员?各个参与者具有何种职责和任务?

(3)设定评价基准。要让学生知道成长记录袋对他们的成绩有怎样的影响。包括计分规则的构成,核查表的具体内容,整个成长记录袋的总体评价标准也应当在成长记录袋中予以说明。

(4)在设计档案袋内容时应考虑到不同学科的特点。

①语文应收集能够反映学生语文学习过程和结果的资料。如关于学生平时表现和兴趣潜能的记录、学生的自我反思和小结、教师和同学的评价、来自家长的信息等,提倡为学生建立写作档案。写作档案除了课内外作文外,还应记录写作态度、主要优缺点以及典型案例分析等内容,以全面反映学生的写作实际情况和发展过程。采用形成性评价和终结性评价相结合,但以形成性评价为重的评价形式。

②在评价学生的数学学习成就时,可以建立成果型档案袋,以反映学生学习数学所取得的进步,以增加他们学好数学的信心。教师可以引导学生自己在成长记录袋中收录反映学习进步的重要资料,如最满意的作业、最喜爱的小制作、影响深刻的问题和解决过程、阅读数学读物的体会,等等。

在对综合应用部分进行评价时,可以建立过程型档案袋收集以下资料,以反映自己的探索过程与取得的进步:在日常生活中发现的数学问题;收集的有关资料;解决问题的方案和过程;获得报告或数学小论文;解决问题的反思。

③英语多采用形成性评价,形式可有多种,如课堂学习活动评比、学习效果自评、学习档案、问卷调查、访谈、家长对学生学习情况的反馈与评价、平时测验等。

④科学多采用杰出表现记录,如教师和学生会对科学学习活动过程中有特殊意义或价值的信息——学生的超常表现、独特见解、科学创意等及时记录在案,供终结性评价时参考;科学观察日记;科技小制作;科学报告等。由此可以把握学生学习与发展的轨迹。

⑤艺术成长记录夹是重要的质性评价方式,它是一种用来记录学生整个艺术成长过程的资料夹。建立艺术成长记录夹,旨在帮助学生对自己的艺术学习过程进行思考和评价。艺术成长记录夹包括以下内容:对作品创作过程的说明、学生的系列作品、学生的自我反思、他人的评价、各项预设的学习资料及学生收集到的资料等。

(三)访谈的设计

评价访谈是一种复杂的事情,不能敷衍了事,需要进行周密的准备工作。一般而言,评价访谈需要做好收集旁证材料、提供访谈参考提纲、确定评价访谈的地点和时间、营造和睦的访谈气氛等准备工作。首先是收集旁证材料:为了全面地了解评价对象教师的岗位职责和工作表现,评价者应该事先收集会议记录、课堂听课的记录、学生笔记、考试和测试成绩等旁证材料。其次是提供访谈参考提纲:学校可以编制有关材料,供评价者和评价对象双方举行评价访谈时参考,这些访谈参考材料既可以起到提示作用,又可以用作评价访谈的框架,保证评价访谈紧扣主题,至少使得评价对象教师相信,所有教师的课堂教学评价访谈的内容和基本框架是一致的。访谈参考提纲,一般采用提问形式或提纲形式,下面介绍一份课堂教学评价访谈参考提纲[①]。

①简单阐述任务和职责。

你主要任务和职责是什么?

②回顾总结一年的课堂教学工作。

最满意的是什么?

最成功的是什么?

怎样获得更大的满意,取得更大的成功?

最不满意的是什么?

最不成功的是什么?

怎样克服困难?

③限制因素。

是否存在妨碍你成功的限制因素?

这些限制因素可能再次出现吗?

怎样才能消除这些限制因素?

④获得帮助。

为了改善你的课堂教学工作,是否需要下列哪些人员的帮助?

A. 校长

B. 教研组长

C. 你本人

D. 其他人

⑤优点。

在教学上,你还有什么优点没有得到学校的认可?

⑥下一年的课堂教学工作计划。

你下一年的主要课堂教学工作目标是什么?

⑦前途。

你未来三年的发展目标是什么?

学校怎样才能帮助你实现未来的发展目标?

⑧在职培训。

你需要接受在职培训吗?

如果需要接受在职培训,应该接受哪一种在职培训,增长哪一方面的知识和技能?

在这一年中,哪一种在职培训对你最有收益?

你认为哪一种在职培训对你所在的教研组或年级组最有必要?

你能为其他教师开设什么在职培训课程?

⑨其他。

你还想说什么吗?

---

① 资料来源:郑梅枝.发展性教师评价理念下的中小学课堂教学评价研究与实施——以江西省玉山县为例[D].南昌:江西师范大学,2005.

访谈参考提纲所罗列的问题几乎涉及课堂教学评价的各个方面。访谈参考提纲的内容应该有助于评价对象教师思考过去的表现、已经做出的成绩、未来的发展目标、参加进修的必要性等。再则确定评价访谈的地点和时间：在评价访谈之前，评价者应该事先将评价访谈的地点和时间通知评价对象教师，访谈时间至少一个小时，一般不超过两个小时。在访谈开始以前，评价者要努力营造出和睦的气氛，这对于获得评价访谈的成功是至关重要的。

评价者应该具备引导评价访谈的能力，使得评价访谈结构清晰，层次分明。一般而言，课堂教学评价访谈的步骤大致如下：

做好访谈的设计工作是顺利进行访谈的基础，必须予以重视。访谈的设计主要包括确定访谈的目的和内容以及编制访谈问题。

1.确定访谈的目的和内容

教育评价活动中的访谈，其目的性是很明确的。它直接依赖于评价的目的，为某一具体的评价活动搜集资料。因为评价指标是评价目的和目标的具体化，因此在确定访谈目的之后，可以从评价指标体系所列的各项目中，选取需要和适合运用访谈法获得评价信息的部分，确定访谈的具体内容。

2.确定访谈的对象

可采用个体访谈，也可以对有相同看法和经历的一组人进行访谈。

3.编制访谈问题

访谈问题的形式有多种。从问题答案的限定程度看，可分为封闭型、开放型和半开放型。封闭型问题在设计时已预先确定好了几个可供选择的答案，被访人的回答只能在其中选取。例如，"这节课老师所讲的内容你全部听懂，部分听得懂，还是完全没有听懂？"这类问题由于答案固定，容易组织，便于记录和统计，减少了主评的判断和加工环节，结果比较客观，但也带来一定的局限，较明显的是容易限制被访人的思路，搜集的信息不够全面细致。开放型问题的答案完全由被访人自己组织，自由应答，实现不加限制。例如，"请你谈谈你在这节课中的听课感受。"被访人既可以谈是否听得懂、听懂多少，哪些能听懂、哪些听不懂，还可以对老师的组织教学、教法、语言、板书等各方面情况谈自己的看法，充分表达自己的意见，主评可从中获取更多的信息。其不足在于不易记录和统计，给分析综合造成了麻烦。

编制访谈问题应力求语言表述简明准确，而且与被访人的认知水平相适应，尽量少用或不用专门用语，注意其通俗性，以便取得被访人的配合使其准确地把握问题。问题的提出不能带有倾向色彩，例如，"都说张老师的课讲得最明白，你不会不同意吧？"另外，访谈的问题一般应该按照简单—较复杂—难以回答的顺序编排。访谈开始不宜突然提出一些复杂的问题或较为敏感的问题，而应提出一些简单的、便于联络感情、激发兴趣的问题。

(四)观察法的设计

1.什么是观察法

观察法是人们为认识事物的本质和规律，通过感觉器官或借助一定的仪器，有目的、有计划地对自然条件下出现的现象进行考察的一种方法。观察法适用于评价那些在教学中不易被量化的行为表现（如兴趣、爱好、态度、习惯与性格）和技能性的成绩（如唱歌、绘画、体育技巧和手工制作）。

观察一般要在事前确定观察目的、观察范围，并必须明确对将观察的某现象需设置哪些变化的情况或场景，使被观察者在这种特定条件下进行活动，以获得合乎实际目的的材料。

2.观察的主要步骤

一次完整的观察,一般应包括以下主要步骤:

①确定观察的目的和选定观察的对象;

②做好观察前的准备工作,如准备观察工具,设计、印制观察记录表等;

③进入观察场所,获得被观察对象的信赖;

④进行观察并做记录;

⑤整理观察结果;

⑥分析资料并撰写观察报告。

3.观察记录的准备工作

在进行观察之前,除了明确观察目的外,必须做好各项技术准备工作。

(1)确定观察内容。

观察记录总的要求是记录实验变量引起的反应变量及观察到的明显的行为变化。但因研究主题的不同,观察记录的内容有所不同,通常具体包括以下几种:

①语言行为。即观察对象在受到条件刺激后所表现的对事物的语言反应及其表达词语。

②特别语言行为。即指被观察对象在受到条件刺激后所表现的语言的音调、音量、持续时间、节奏及特殊发音与词汇。

③关系分布行为。即指被观察对象在受到条件刺激后所表现的学生与学生、学生与教师之间的距离关系。

(2)确定观察范围。

进行观察,不可能包罗万象,面面俱到,除了通过抽样选择观察对象之外,还要在时间、空间上加以取样,限制一定的范围。

(3)准备观察仪器。

现代化的观察仪器主要有录音机、光学照相机和数码照相机、电视摄像机、录像机、闭路电视装置等,还有进行图像和声音处理的多媒体计算机等。观察之前,不仅要备齐必要的设备,而且要检查其完好率,了解机件的性能功效,掌握操作方法,保证其精确度,以免在使用时产生故障或失真。

(4)设计观察记录表格。

一个完整的观察研究必须进行观察并做记录,然后整理观察结果,包括数字统计与文字加工,使材料系统化、精确化、本质化,为进一步分析研究作出准备。

观察记录表一般应包括以下基本项目:观察内容(行为表现);时间取样;场面取样;对象编号;行为、现象表现的等级。

记录量表在观察前要认真检验其可能出现的误差。有了这样较为周密的量表,在观察时,既可以做出合适的详尽记录,又简单易行,有的只要填写数目或符号就行,这样,让观察者有边观察边思考的余地。

观察记录表格设计要简明,科学,结构化,易于操作。设计的关键,就是要根据实验的假说,对估计可能出现的结果内容条理化、结构化,形成一个层次不同的纲目,制成表格。

(五)反思笔记

反思即对行动结果及其原因进行思考。在反思过程中,一般需要对观察到的和感受到的与制订和实施计划有关的各种现象进行归纳,描述出其过程和结果,并进行判断,对现象的原因做出分析解释,指出计划与结果之间的不一致,形成基本设想、总体计划和下一步行动的计划。

教学反思即教师对自己教学过程和结果的自我监控和调整,通过反思,教师能够及时发现自己存在的缺陷和不足,以采取相应的补救或改进策略,从而加快教师专业发展的步伐。

反思的内容包括:

1.教学过程

教师反思自己在教学环境下采用了何种教学组织、调控与管理的方法? 为什么采用这些方法? 教学的效果如何?

2.信息技术支持学生学习的可能性与方法

结合自己的教学实践,反思信息化教学环境下各种信息技术对教学支持的有效性以及更好地利用信息技术开展教学的方法。

应用:反思常被作为一个基本环节用于教学的行动研究之中。行动研究是在教育情境中,自我反省探究的一种形式,参与者包括教师、学生、校长等人,其目的在促发教育实践的合理性、正义性及其有效性。

工具:反思的工具多种多样,常用的有工作日志和教学博客。

思考与行动

1.请根据学习结果的分类设计对应的评价方式。

2.尝试对某一教学案例进行评价。

_____

_____

_____

_____

_____

学习成果记录

第九章 课堂教学设计方案的编写

案例

一节以具体概念学习为目标的课的设计方案,见表9-1。

表9-1 具体概念——梯形的学习

目标:给出一些不同的几何图形,学生能通过圈选来识别梯形

事件	方法/媒体	教学处理或策略
1.引起学生注意	实况教学和黑板	在黑板上画一些图形,突出图形外观的变化。
2.告知学生目标	实况教学和黑板	呈现几对在关键特征(四条边、直线、两边平行)上不同的图形,并告知学生他们将学习如何识别梯形。
3.激起回忆先决条件	教师使用带有幻灯片的高射投影仪或PowerPoint演示文稿	成对呈现线条,包括直线、非直线;平行、不平行。呈现图形,包括四边形、五边形、三边形;封闭的、不封闭的。 在每对图形中,让学生通过说出或指出来识别差异。
4.呈现刺激材料 5.提供学习指导	教师使用带有幻灯片的高射投影仪或PowerPoint演示文稿	呈现一系列成对图形,每对图形中有一个是梯形,另一个不是梯形。要求学生识别每对图形中的梯形。当知道特征名称后,指出每对图形具有还是不具有该特征(直的、非直的,平行的、不平行的等)。
6.引出行为表现	工作表	呈现一个包含20个平面图形的工作表,其中8个是梯形,其余的在一个或多个关键特征上不同。让学生圈出梯形。
7.提供反馈	高射投影仪或教师的口头评论	当学生完成工作表后,把一份复本投影出来。识别每例中的梯形,识别不是梯形的图形缺少的关键特征。
8.测量行为表现	实况教学	使用一个与工作表类似的测验,让学生圈出梯形。
9.促进保持与迁移	工作表	要求学生分别以垂直线、水平线或斜线开始画出一个梯形。如果材料允许,要求学生识别物体(家具、工具等)图片中的梯形。

——罗伯特·加涅等《教学设计原理》

名人名言

树木刚一开始生成便长出日后成为主干的嫩枝。在这最初的学校里面,我们也必须把一个人在人生的旅途中所当具备的全部知识的种子播种到他身上。

——夸美纽斯《大教学论》

知识要点

一、教案与教学设计方案

教案原指课时计划,是教师经过备课,以课时为单位设计的具体教学方案,是上课的重要依据,编写教案要依据教学大纲和教科书,从学生实际情况出发,精心设计。可见,传统的教案是依据教学大纲所编写的课时计划。

教学设计方案,是在教学设计理论指导下进行教学设计的成果,它是教学设计的显性成果,它反映了设计人员创造性的设计思想和设计智慧。教学设计方案的要素有:课题、对象、需要分析、内容分析、学习目标、教学策略(教学形式、教学方法、教学媒体、教学事件和程序)、评价反思等。

我们也把教学设计方案简称为教案。因此,现代教案是有别于传统教案的。

二、课堂教学设计方案的组成要素

教学设计方案一般是指课堂教学设计方案,它有很多模板,教师可以根据实际情况来选取。也可以根据实际情况自己进行设计,只要包含必要的成分、能体现自己的设计思想、便于实施教学和对教学进行反思即可。

1.加涅关于课的设计方案

加涅认为课的设计应该能体现学习结果,要实现相应的学习结果,就要有对应的教学事件、采用合适的媒体方法、选择适当的教学策略,他基于学习结果分类理论和信息加工理论提出的九段教学事件是教师们设计教案的重要参考。因此其教案主要包含教学事件对应的媒体方法和策略。下面是几个案例。

【案例9-1】 以定义性概念学习为目标的课的设计方案,如表9-2所示。

表9-2 定义性概念——专用名词的学习

目标:给出一篇没有大写字母的课文,学生能够划分出其中的专有名词。		
事件	方法/媒体	教学处理或策略
1.引起学生注意	实况教学和黑板	在黑板上呈现不含有大写字母的两个句子。(例如:the teacher's name was the wildcats. the woman's name was mrs. brown.)提问学生是否注意到这些句子中的异常之处。指出句子中通常应大写的词。
2.告知学生目标	实况教学和黑板	告诉学生本节课学习专有名词。专有名词以大写字母开头。告诉学生他们将学习识别哪些词是专有名词,它们的首字母要大写。

事件	方法/媒体	教学处理或策略
3.激起对先决条件的回忆	教师使用带有幻灯片的高射投影仪或 Power-Point 演示文稿	提示学生回想名词是人、地或事物的名词。要求学生给出属于这几类名词的例子。教师提醒：句首的字母总要大写，但这不是本节课的主要内容。
4.呈现刺激材料	教师使用带有幻灯片的高射投影仪或 Power-Point 演示文稿	用投影写出专有名词的定义：专有名词是命名特定的人、地或事物名称的词。
5.提供学习指导	教师	比较普通名词与专有名词以展示"一般名词"与"特定名词"定义的用法。比如：boy-John；girl-Alice；mother-Mrs. Smith；building-Pentagon；monument-Lincon Memorial。
6.引出行为表现	工作表	要求学生在一列普通名词旁边写出某些专有名词。包括人、地、事物等类别。
7.提供反馈	教师做口头复习，全班参与	告诉学生他们回答得是否正确。如有需要，提醒学生专有名词总要大写的。
8.测量行为表现	书面测验	让学生在 10 个句子中的专有名词下面画线。包含下列条件：不含有专有名词的句子、句首有一专有名词、句中含有一个专有名词、含有多个专有名词和代词的句子。
9.促进保持与迁移	工作表	让每个学生写出 5 个含有人名、地名、事物名称等专有名词的句子。开展一次竞赛，看谁在句子中运用的专有名词最多。

【案例 9 - 2】 以规则学习为目标的课的设计方案，如表 9 - 3 所示。

表 9 - 3　规则——功率与电流强度、电压关系的学习

目标：给出某一电路的电压和某一电器的功率，学生能用公式"电流＝功率/电压"算出通过电器的电流。

事件	方法/媒体	教学处理或策略
1.引起学生注意	录像或动画	播出一幕早晨每人为工作和上学做准备的情景。妈妈插上她的烫发钳，爸爸正在熨衬衣，莎莉插上她的电吹风。突然，他们的电视屏幕上一片空白。提问学生是否知道发生了什么。（答案：莎莉的电吹风使电路超负荷，烧了保险丝。）

事件	方法/媒体	教学处理或策略
2. 告知学生目标	教师	说明本节课的目的是能计算出电器需要多少电流（以安培为单位）。
3. 激起对先决条件的回忆	教师使用带有幻灯片的高射投影仪或Power-Point演示文稿	让学生回忆起家用电路的电压一般为115伏特（用公式时，115伏可近似看作100伏）。电器的功率一般印在它的金属铭牌上。电路中的保险丝是根据它能承受的电流量来划分规格的；如果超过它能承受的电流量，保险丝就会被烧断。
4. 呈现刺激材料	教师使用带有幻灯片的高射投影仪或Power-Point演示文稿	告诉学生，计算通过某一电器的电流的规则是，用该电器的功率除以电路电压：功率/电压＝电流。这样，如果莎莉的电吹风功率是1200瓦，通过它的电流就是12安培（1200/100＝12）。
5. 提供学习指导	教师和课堂参与	用几个不同的例子说明公式"功率/电压＝电流"的应用。 (1)提问学生，莎莉的电吹风是否会烧断15安培的保险丝？（不会，因为电吹风只需要12安培的电流。） (2)提问学生，如果妈妈把电熨斗也插在同一电路上，结果会怎样？（有些学生可能会回答"保险丝会烧断"。）问他们如何能证明这一点。在需要时给学生帮助，以算出电熨斗（功率1000瓦）的电流并求出电熨斗及电吹风同时使用时电路的总电流（12＋10＝22安培，保险丝将烧断）。
6. 引出行为表现	工作表	让学生算出其他许多电器的电流。
7. 提供反馈	教师做口头复习	告诉学生他们回答得是否正确并纠正错误的回答。提醒不要把公式颠倒为：电压/功率。
8. 测量行为表现	书面测验	让学生解答10个需计算电流的问题。
9. 促进保持与迁移	工作表	描述或图示几个需要计算电流的实际情况。让学生解答几道问题以判断保险丝是否会被烧断。开展一次竞赛，让学生算出有多少电器（用表列出，标有功率）可以插到20安培的电路上而不烧断保险丝。

【案例 9 - 3】 以解决问题学习为目标的课的设计方案，如表 9 - 4 所示。

表9-4 问题解决——设计能覆盖90%草地的喷水系统的学习

目标:给出一块地的草图,学生能用最少的材料生成一个至少能覆盖90%面积的喷水系统方案。

事件	方法/媒体	教学处理或策略
1.引起学生注意	录像或动画	呈现三张在矩形地块喷水覆盖面的图片,一张是非常成功的覆盖(90%),一张是不成功的覆盖(70%),一张是使用了过多的喷头。快速呈现这些图片,引起对图片差别的注意。
2.告知学生目标	教师	告诉学生要解决的问题是为一块地设计一个最有效的喷水系统——覆盖面至少是90%,使用的管材和喷头最少。
3.激起对先决条件的回忆	教师使用带有幻灯片的高射投影仪或Power-Point演示文稿	让学生回忆可用的规则。由于要用的喷头喷射出的水面呈圆形或扇形,因而需回忆的规则是:①圆的面积;②四分之一圆和半圆的面积;③矩形面积;④由圆弧和直线边相交而构成的不规则图形面积。
4.呈现刺激材料	教师使用带有幻灯片的高射投影仪或Power-Point演示文稿	用一般术语重新陈述问题,然后加上具体细节:①矩形地10米×30米;②喷水半径1.5米;③水源在地的中间。
5.提供学习指导 6.引出行为表现	教师和课堂参与	学生尝试性地设计几种喷水装置的布局,画出它们的草图,计算每种布局方案的相对效率。如果看来规则未被正确运用,可以通过告诉学生各种选项来对其提供指导。例如"通过使用四分之一圆的喷头,不能有效覆盖地的夹角吗?"或者:"看上去你设计的方案覆盖面有重叠的部分,你允许有10%的非覆盖面吗?"提问学生他们安置喷水器的规则是什么。
7.提供反馈	教师向全班做口头复习	在思路合适时,对好的行动给予积极肯定。如果学生没有找到可行的解决办法,可以给予提示。例如:"你为什么不画4个几乎相切的圆,计算它们的面积,然后围绕4个圆再画一个矩形,并计算其覆盖面是多少?"
8.测量行为表现	教师	呈现一个不同的问题,用同样类型的喷头但不同形状与大小的地块。根据覆盖面和材料使用量检验学生解决方法的效率。
9.促进保持与迁移	工作表	呈现几个不同的问题,变化地块的形状、水源的位置和喷水覆盖面。测量学生将问题解决概况到这些新情境的情况。

【案例9-4】 以言语信息学习为目标的课的设计方案,如表9-5所示。

表9-5 言语信息——《独立宣言》的学习

目标:给出问题:"根据《独立宣言》起草者的看法,哪些'真理'是不证自明的?"
学生能够用自己的话陈述这些真理。

事件	方法/媒体	教学处理或策略
1.引起学生注意	教师	讲述:"1776年,在这块大陆上的英国殖民者宣布,他们从建立这块殖民地的国家——英格兰独立出来。对这样一个勇敢的宣言,他们用何理由解释?"
2.告知学生目标	教师	某些理由被认为是不证自明的真理。在这节课中,你将学到这些真理是什么。
3.激起对先决条件的回忆	黑板和分发的材料	在这一例子中的先决条件是理解句子意义,包括句子中词的意义。需要界定意义的词:不证自明、赋予、不可剥夺、成立、获得。句法结构也需要识别和理解。
4.呈现刺激材料	分发的材料	呈现《独立宣言》中的相关段落。(我们认为下述真理是不证自明的:人生来平等,上帝赋予他们某些不可剥夺的权利,包括生存、自由和追求幸福的权利。为保护这些权利,人们成立了政府,并经被统治者同意而获得正当的权利。)
5.提供学习指导	在分发的材料上留出列表和精加工的地方	让学生把该段文字中的"真理"编号,从(1)"人生来平等"开始。要求学生通过把每条观点与其他熟悉的思想联系起来而对每条真理进行精加工。(例如,把"生存权"与对死刑的争论联想在一起,把"自由权"与抓人质联想在一起等。)
6.引出行为表现	让学生阅读——引出不同的反应	让学生不用逐字重复上段内容,回答问题:"什么真理被认为是不证自明的?"
7.提供反馈	教师	根据意义来核实对该段文字的学习和保持情况。在出现错误或遗漏时给予纠正。
8.测量行为表现	教师	要求学生回忆整段文字,根据回忆出的"意义单元"评分。
9.促进保持与迁移	教师	言语信息经过练习(应用)后记得最好。提问学生英国政府将对《独立宣言》中提出的每条真理作何反应?另一个问题是:"为什么殖民者认为这些权利的每一条都受到了侵犯?"这类练习要求使用已习得的言语信息。

【案例9-5】 以态度学习为目标的课的设计方案,如表9-6所示。

表9-6　态度——选择有利于健康的食物的学习

目标:学习者将选择食用低脂肪、低热量的食物以保持较低的胆固醇水平。

(注:该节课不针对儿童;它最适于关心高胆固醇的成人。而且对这个班每周不断呈现事件6、7、8)。

事件	方法/媒体	教学处理或策略
1.引起学生注意	视频或动画	呈现一个动脉阻塞的人类心脏的形象,旁边列出高脂肪的食物(黄油、冰激凌、甜面饼);同时呈现一张与之相对照的图片,上面是一个无动脉阻塞的人类心脏,旁边列出低脂肪的食物(青豆、芹菜、鱼)。提问:"你想要哪一个心脏?"
2.告知学生目标	护士谈话的录像	"本讲习班的目的是使大家理解我们如何通过食用低热量、低脂肪的食品来降低胆固醇水平。"(言外之意是学生应该这样做。)
3.激起回忆先决条件	同上	提醒(或教给)学生普通食品包含的热量和脂肪。指出哪些是高热高脂食品,哪些是低热低脂食品。强调饮食平衡和运动。
4.呈现刺激材料	教师或视频	这节课的内容应由一个营养良好的榜样人物来传授。
5.提供学习指导	教师或视频	榜样应该是令人尊敬的、可信的。他或她描述食品选择的转变、体重减轻的变化及所导致的令人满意的结果。榜样所传递的信息可以是:"我能做到这一点,你也能做到。"
6.引出行为表现	高射幻灯片、Power-Point演示文稿、工作表	让学生报告上周食用的食品。报告应提及选食食品的场合(用餐时及在两餐之间。)
7.提供反馈	教师	饮食报告中有做出期望的选择的迹象时给予积极反馈。反馈应用表扬或支持强化期望的行为选择(或朝向期望行为的进步)。
8.测量行为表现	教师	态度的评价可采用自然的措施进行。观察学生几周,看看是否未出现异常的体重增加,他们在谈论其食物选择时是否用积极的措辞。
9.促进保持与迁移	工作表	态度会因来自环境的支持而得到强化。个体的努力会通过支持性团体的每周聚会而得到帮助。

可见,加涅倡导的教学设计方案有六个要素:目标、事件、方法、媒体、教学处理和策略。加涅没有对策略进行界定。如果按我们对教学策略的界定来看,方法、媒体、事件都属于策略要考虑的要素。教学处理相当于我们评价要考虑的因素。因此六个要素就变成

了三个：目标、策略和评价。其不足在于，我们从这样的教学设计方案中，看不出学习者层次及需求等基本情况，对所学学习内容层次及重难点也不明确，也就不太能理解为什么用相应的媒体和方法了。

2. 我们倡导的教学设计方案要素

(1) 教学设计方案中的要素。

在教学设计方案中，要明确学习者(或教学对象)，要明确学习需求，要对学习内容进行分析(层次、重点、难点)，要描述目标，要明确教学的形式、方法、媒体资源环境及教学事件对应的教学活动设计，还要有评价设计及实施后的反思。

(2) 教学设计方案的模板。

综合考虑上面那些因素，我们设计了编写教学设计方案的模板，见附录六。

在教学设计初期可以用此模板进行教学设计方案的编写。

(3) 教学设计方案举例[①]。

学科：初中八年级信息技术　　　　　　　　　　　　　　　　课时：1

课题名称	网络改变生活	
设计人　　吴凡	实施人　　　吴凡	
教学对象分析(一般特征、起始能力、学习风格)		
授课对象是初中二年级学生，学生年龄较小，抽象逻辑思维较差，仅凭抽象的语言讲授学生并不能很好地理解。因此根据学生的实际情况，以学生的操作能力和认知水平，将采用目前信息技术教学倡导的"任务驱动法"与"创设情景法"，通过教师的循循善诱创设一个情境以指导学生完成一个个具体的学习任务，让学生开展探索式学习，通过学生小组间的交流互动、教师引领的方式针对学生操作的内容做出评价，讨论如何正确地通过网络进行信息交流，从而开展课堂教学。 　　学生已经基本具备注册用户的方法，能够独立地通过输入用户名和密码进入网络论坛。		
教学目标(知识、技能、情感态度)		
知识与技能	1. 举例说明网络对人们生活、学习、工作的影响； 2. 举出生活中常见的网络载体； 3. 应用网络进行论坛的注册、登录、发帖、回帖、加好友等基本操作。	
策略与方法 态度	在网络上浏览、分享信息以及通过网络表达观点、与他人交流的方法。 　1. 在实际练习中，体会到网络是一种比较直观的与他人分享内容的途径； 　2. 在学习中感受成功的喜悦，在不断探索与尝试中激发求知欲，初步形成文明上网的道德情操。	

---

① 本案例选自江苏大学教师教育学院 2014 级学生吴凡设计与实施的教案，略有改动。

教学内容分析

为了达到上述学习目标,本节课的内容应该包括:①复习注册的过程、使用用户名和密码登录论坛;②回帖、加好友以及回帖的基本方法和步骤;③了解在论坛上进行回帖、加好友和发帖时红色部分注意事项的意义;④健康、文明上网与自觉应用。

《网络改变生活》是苏科版初中《信息技术》的内容。本章内容结构:本章节为走进网络世界,大致分为3个课时,分别为:①网络改变生活;②构建身边的网络;③健康上网。考虑到"网络改变生活"和"健康上网"这两部分内容都是与正确运用网络的理念有关的学习内容,因此对教材进行了再开发,将这两部分的内容合并为一个课时。另外,对于本单元第一部分"网络改变生活"的教材内容,因为博客、论坛、微信、微博等典型网络的人际关系作用具有异曲同工之处,可通过实际操作使学生领悟网络带来的巨大改变以及多样化的影响和作用。因此本课以网络论坛为例,根据学生目前的实际情况做出了相应的教学内容调整:将具体通过学生登录"镇江网友之家"并通过观看老师演示、自己实践操作、学习总结领悟的方法掌握这一小节的知识并且基本熟悉网络的作用。

教学策略的制定

教学事件	教学媒体	教学活动
引入	好人好事的图片	提问:同学们,今天我们一起学习教材的第二章:走进网络世界。同学们,假设你在生活中看到了像这样一些给你感触很深的好人好事(展示PPT上的好人好事图片),那你有什么办法让更多的人知道你所看到的事情呢?(请2~3位学生回答) 提问:好,非常好,同学说得都很对。大家刚才提到的朋友圈、QQ的说说、微博、网络论坛等是不是都是在网络上进行的呢?那同学们说说网络可以给我们的生活带来什么样的改变呢?
告知目标	板书	总结:同学们说得很好。网络确实对我们的生活产生了改变(此时需要展示相关PPT,强调网络给我们的衣食住行各个方面产生的影响),今天我们也一起来学习网络最为重要的功能,即怎么在网络上与别人交流。今天我们将通过梦溪论坛来学习网络的一些典型功能,亲身体会一下网络给我们的生活带来的改变。 在黑板上进行板书(板书可在讲课开始前准备好,也可在此时现场书写,视时间等具体情况而定)。
教师演示	多媒体计算机互联网	教师演示怎样发帖和回帖 具体步骤: 1. 在联网的条件下输入网址"http://bbs.my0511.com/",通过用户名和密码登录自己的梦溪论坛账号(此步骤为复习,包括强调怎样注册以及登录)。 2. 从"运动户外""数码影像"等模块选择一个自己感兴趣的主题,点击进入相关论坛网页。 3. 以"运动户外"模块里的"镇江乒乓球协会"主题为例,点击进入该主题网页,找到并展示"回帖"按钮及其功能、具体操作;现场添加一个好友,以便于今后在网络上的信息交流(将以添加"镇江乒乓球协会"主题中的某位乒乓球爱好者为例);选择一个模块中的某个主题,找到并展示"回帖"按钮及其功能、具体操作。

教师演示	多媒体计算机 互联网	(此过程教师一边要详细操作并且还要有灵活的语言传授;讲课的三个内容的顺序为:回帖、加好友、发帖)。
学生练习	多媒体计算机 互联网	要求学生分小组(2人一组)在自选的论坛模块发表一个与所选主题相对应的帖子,其他组的学生需要互相加好友然后对其发帖的内容进行回帖互动(在进行三个学习任务之前每位同学需要找到"镇江乒乓球协会"这个主题,找到老师发的帖子,进行留言并添加老师为好友。作为平时成绩考核依据之一)。 在学生练习讨论的过程中,教师加强巡视,了解学生学习情况,进行个别或小组指导,引导学生互相帮助,协作学习。
成果展示		提问:哪组同学最先完成任务,请举手。 让学生上台展示作品。(掌声鼓励,记录每组的完成进度并打分)
练习总结	多媒体计算机 互联网	以之前上台演示的学生所发布的帖子为例,逐步分析、总结以下观点: 1.发帖时标题与内容要相匹配、内容要充实 2.回帖时要针对帖子的内容回复,不要回复空洞的内容
讨论应用	多媒体计算机 互联网	展示几张在演示中出现的红色字体的注意事项,并同时给出一些在网络上发布不文明的帖子或是不文明回复他人帖子而被人举报的例子并以此提出问题。 提问:相信同学们在回帖、加好友以及发帖的时候都看到了这些用红色部分强调的文字,那为什么论坛要强调这些注意事项呢?
总结布置作业	多媒体计算机 互联网	1.总结这一节课的主要内容。 2.布置作业。 综合练习:学生在"你好,镇江!"模块选择"百姓话题"主题发表一个自己看到的好人好事帖子,分享一个自己听过或看过的小故事作为课后作业,进行自由创作:添加图片、表情等能够丰富帖子内容的素材皆可(学生在本节课刚开始练习时已经被要求添加教师为好友,因此,教师可以点击好友列表中的学生查看他所发布的帖子,根据学生完成的作业情况进行考核、打分)。

教学评价设计

针对教学目标,设计以下评价形式检测学生是否达到教学目标。

1.请学生上台展示小组合作完成的发帖作品,并要求同学之间能够做到互相回帖、加老师为好友并且在老师的帖子下面回帖。通过以上的实际操作,学生可以感悟网络的作用之大。可能出现一部分学生未能及时、准确、快速地完成这一目标,教师需要在学生练习的时候加强巡视,并帮助这部分学生解决困难。

2.展示注意事项的图片以及不文明发帖、回帖的例子,让学生判断什么样的上网行为是可取的、什么是不可取的。可能出现一部分学生对所列举事例并不熟悉。教师可以邀请学生自己列举一些熟悉的事例进行分析。

反思(实施人)

当我站在三尺讲台真正模拟课堂讲课的时候发现了一个现象:真实的讲课与之前准备的、想象中的讲课并不一样。在实际讲课中会受到各种因素的影响,因此需要教师在备课的时候多思考,尽量将学生可能会遇到的问题、自己讲课的过程中可能会发生的环境变化等因素进行评估和准备,做到心中有数、从容应对。打个比方,作为新手教师,我上台的时候还是有一些紧张的,但因为之前就准备了"面对紧张的情况可以试着嘴角上扬,鼓励自己一定能行"的措施,这有效缓解了我的紧张。这一次教学,我最自豪的部分是带着学生进行回帖、加好友以及发帖的网站任务示范。这部分是我觉得讲得最精彩的部分,也是我这次讲课发挥得比较稳定的部分。我在讲授这部分内容的时候,不是单纯地、机械地告诉同学应该怎么做、具体步骤是什么,而是融入了自己的感受和经历,从一个乒乓球爱好者的角度带着同学们去熟悉和掌握 My0511 这个网络论坛的基本功能,以一种更加轻松愉快的方式将知识传授给学生,我觉得这样更能够使学生接受这部分的学习内容,并且真正使学生体会到信息技术的作用和魅力。

当我对苏教版八年级《信息技术》这本教材进行仔细研读的时候,我自己对教材的内容进行了适当的修改。比如,教材中提出了一个"学会免费申请一个电子邮箱"的教学目标,但根据学生的实际情况,初中生还有很多学生是没有手机的,因此在注册的时候需要手机验证码这个必须的步骤在课堂上就不能实行,因此,我选择提前一节课教会学生如何注册,并将注册作为一个课后作业让学生回家在家长的监督下进行操作。再比如,第二章第一节"网络改变生活"这一节的内容过于零散,涉及的网络产品类型很多,但没有一个是做深入介绍的,这可能会给学生造成印象不深、可有可无的感觉。因此,我在教学环节选择用一个网络论坛的综合例子来带领同学感悟书上列举的这些网络典型特征以及网络给我们的生活带来的改变。

在第一次讲课时,我发现自己所写的课堂教案中有一些逻辑上的顺序存在问题并且语言的组织上还不够精练,于是我经过反复修改和模拟讲课,最终形成了这份课堂教案,自己觉得还是比较满意的。当然,可能在今后的不断讲课中还会发现更多的内容需要修改或添加,但我也会不断努力,就如同信息技术这门课一样不断与时俱进。

完成时间:2017 年 6 月 30 日

思考与行动

1.从自己拟从教或者正在执教的学科中选择某一章节教学内容中的某一类学习结果（如具体概念、定义性概念、规则、解决问题、言语信息等），尝试设计教学方案。

2.从自己拟从教或者正在执教的学科中选择一个课时的教学内容，运用教材中所提供的教案模板，撰写一份完整的课堂教学方案，尝试实施并对实施结果进行反思。

_____

_____

_____

_____

_____

❧ 学习成果记录

第三部分　如何进行课程教学设计

　　教学设计是根据学习者内部心理过程合理安排外部事件的系统过程,它包括前端分析、教学资源设计、教学活动与过程设计、教学评价设计等具体程序和步骤。第二部分对如何进行教学设计做了详细的介绍,并根据教育教学实际需要提供了相应的操作程序,这些程序和步骤是进行课程教学设计的基础。

　　课程教学设计是"系统层次"的教学设计,它涉及教学设计在具体课程领域的应用,与教学设计有共性的要素。本部分在一般性教学设计程序和步骤的基础上,设计出课程教学设计的程序和步骤,并结合具体学科对课程教学设计的具体应用进行详细介绍。

第十章　课程教学设计

布鲁斯·霍尔在开学第一天给初二年级学生上社会研究课。学生们在桌子上找到自己名字的标签并坐到位子前。他给学生一分钟时间安顿下来，然后进行自我介绍，并打开录像机。电影《甘地》中的一段录像出现了，甘地正在进行著名的非暴力抵抗的演讲。他说："让咱们从对社会的研究开始学习，同时我还想看看你们的写作水平怎么样。"

"这是一节英语课吗？"一个学生问。

"噢，这是一节社会研究课，但所有的课都与文学有关，今年我们要进行很多这样的训练。"

——布鲁斯·乔伊斯等《教学模式》

📚 **名人名言**

日本学校的班级规模较大，但是他们的教师用双倍的时间去设计教学。这倒有可能去解释他们在所取得成就方面的某些差异。

——荷伯·沃尔伯格（Herb Walberg）于美国教育研究会，1991 年

📝 **知识要点**

第一节　课程与课程教学设计

一名教师，在进行教学设计时，一般会有三个阶段的设计：课程层次的教学设计、单元层次的教学设计和课堂层次的教学设计。要想进行有效的课程教学设计，教师除了需要掌握教学设计的一般原则和相应操作方法之外，还需要对具体课程的本质特征、课程包含的相关知识以及与课程相关的教学知识有充分的把握。离开具体的课程，教学设计就成了一套机械的程序，不能很好地对课程教学起到指导作用。

前面谈了课堂层次的教学设计方案的呈现，本章重点对课程层次和单元层次的教学设计进行阐述，同时对如何设计课程教学设计方案进行初步探讨。

一、课程的内涵

对于课程的内涵,国内外学者都做了深入的研究。归纳起来,主要有以下几种[1,2]:

1.课程即教学科目

目前我国的《辞海》也认为课程即教学科目,或者是学生学习的全部科目——广义的课程,或者指某一门的学科——狭义的课程。这类观点认为学校开设的课程主要是让学生获得系统的知识,他们的发展是在接受知识过程中实现的。课程以分科形式开设,课程体系以相应学科的逻辑结构为基础组织,便于教师的教学。这种定义的实质是把课程视为外在于学生的静态科目,对学生的经验重视不够,忽视他们的个性、情感、态度和创造力的发展。新课改后,很多学校都已经把活动和社会实践纳入到了正式课程中,所以仅仅把课程定义为学科课程显然是不够的。此外,由于强调学科之间的界限,割裂了知识之间的联系,使知识缺乏内在的整合性;只重视静态的知识,而忽视了动态的过程及结果。

2.课程即有计划的教学活动

课程的本质特征是计划性或方案性。钟启泉指出:"课程意味着儿童在学校教师的指导下的整个生活活动的总体计划。"[3]这种计划或方案通常指书面资料,如课程计划、课程标准、教科书、教学参考书、练习册等。从计划角度定义课程,既注重教学内容的安排,又强调教学活动过程的预设,使课程的内涵丰富了许多。强调课程的预设性可能会忽略学生的现实经验。

3.课程即预期的学习结果

这一课程定义在北美课程理论中较为普遍。一些学者认为,课程不应该指向活动,而应该直接关注预期的学习结果或目标,即要把重点从手段转向目的。课程不再被看作是内容而被看作是预期的结果。这就要求课程事先制定一套有结构、有序列的学习目标,所有教学活动都是为达到这些目标服务的。然而,课程目标的制定与课程实施的过程客观上是分离的,课程目标是否达成以及达到何种程度,并不取决于目标制定者的主观愿望,而是取决于课程实施者(教师和学生)对目标的把握程度。由于每一个学生的身心发展千差万别,要使事先预设的课程目标适合每一个学生的实际需要,那几乎是不可能的。另外,把重点放在预期的学习结果或目标上,必然导致对校园环境、师生心理与互动气氛,以及与学生成长有重要关系的其他非预期因素的忽视。

4.课程即学习经验

把课程定义为学习经验,是试图把握学生实际学到些什么,经验是学生在对所从事的学习活动的思考中形成的。课程是指学生体验到的意义,而不是学生再现的事实或要学生演示的行为。虽说经验要通过活动才能获得,但活动本身并不是关键之所在,因为每个学生都是独特的学习者,他们从同一活动中获得的经验都各不一样。所以,学生的学习取决于他自己做了些什么,而不是教师对他做了些什么。从理论上讲,把课程定义为学生个人的经验似乎很有吸引力,但在实践中很难实行。在实际的教学情境中,一个教师如何同

---

① 施良方.课程理论:课程的基础、原理与问题[M].北京:教育科学出版社,1996:3-6.
② 全国十二所重点师范大学.教育学基础[M].北京:教育科学出版社,2008:141-144.
③ 钟启泉.现代课程论[M].上海:上海教育出版社,1989.

时满足四五十个学生独特的个人成长需求？如何为每一个学生制订合适的课程计划？各级各类学校是否还要制定相对统一的标准？

二、课程教学设计的内涵与特征

课程教学设计指的是教师依据课程要求（如为中小学各学科，这种学科课程要求即为课程标准），从学生实际出发，对课程实施中的教师的教学活动和学生的学习活动的整体考虑。这种整体考虑涵盖学科对学生发展的意义，学科课程对学生预期学习结果的要求，为达到学科课程目标要安排的教学活动，学生在课程学习中独特的学习经历和经验，学科课程与其他课程之间关系以及学科课程内部知识之间的逻辑体系，等等。因此，课程教学设计具有以下基本特征：

1.系统性与计划性

教学设计是"以获得优化的教学效果为目的，以学习理论、教学理论和传播理论为理论基础，运用系统方法分析教学问题、确定教学目标、建立解决教学问题的策略方案、试行解决方案、评价实行结果和修改方案的过程"[①]，是指"在实施教学之前，依据学习论和教学论的原理，用系统论的观点和方法对教学的各个环节统筹规划与安排，为学生和学习创设最优环境和准备过程"[②]，是"对整个教学系统的规划，是教师教学和准备工作的组成部分，是在分析学习者的特点、教学目标、学习内容、学习条件以及教学系统组成部分特点的基础上统筹全局，提出教学具体方案，包括一节课进行过程中的教学结构、教学方式、教学方法、知识来源、板书设计等"[③]。课程教学设计是对课程教学进行的预先安排，是教师在头脑中反复思考并对课程教学进行的系统规划。

与教学设计一样，课程教学设计亦具有系统性与计划性的特点，是为教学活动制定蓝图的过程。通过学科教学设计，教师可以对教学活动和学习活动有整体的把握，可以根据学科课程与教学情境的需要和学习者的学习经历及经验特点确定合理的教学目标，实施可行的评价方案，从而保证教学活动的顺利进行。

2.可操作性

课程教学设计与备课的关系非常密切，以至于提到课程教学设计，大家就会想到备课。《中国大百科全书教育》对备课的定义是："教师在上课前的教学准备。备课是上课的前提。备课一般分为学年或学期备课、单元备课和课时备课三种。"课程教学设计与备课的过程类似，包括一门课的整体设计、单元设计和课堂设计三个层次。课程教学设计的过程是教师在反复思考并对教学进行的系统规划，这种规划是针对具体的学科教学问题进行的，不是随意的，要符合课程目标的要求，符合学生的特征，同时符合内容的要求，具有极强的操作性特征。

3.创造性

谈到教学设计的特征，史密斯（Patricia L. Smith）和雷根（Tillman J. Ragan）认为，教

---

① 乌美娜.教学设计[M].北京:高等教育出版社,1994:11.
② 皮连生,刘杰.现代教学设计[M].北京:首都师范大学出版社,2005:3.
③ 顾明远.教育大辞典:第1卷[M].上海:上海教育出版社,1990:210-211.

学设计的关键要求一是想象和独创性,二是全面性和苛求性①。学科教学设计作为教师实施教学之前的系统规划,它蕴含了教师丰富的设计思想和实践智慧,是教师教学设计水平的重要展现方式之一,因此,从设计的角度来看,课程教学设计的过程是一个创造的过程,是教师把自己的教育教学理念付诸实现的过程,是一种充满着激情和想象的愉快体验。它的设计主体是教师,它的服务对象是学生,教师不同、学生不同、课程不同,课程教学设计的方案也是不同的。

思考与行动

1. 请谈谈你对课程与教学的关系的认识。
2. 在进行课程教学设计时,应重点考虑哪些因素?

_____

_____

_____

_____

_____

> ✦ **学习成果记录**

第二节 课程教学设计的一般原则

教学设计是一套针对教学进行设计的程序和方法,而学科教学设计的主体是"学科",对于一线中小学教师来说,教师所做的课程教学设计主要是针对具体学科,也即是学科(课程)教学设计。因此教师在进行学科教学设计时,需要考虑学科自身的逻辑体系和规律。学科自身逻辑体系固然重要,学生对学科知识的认知过程,也就是说学生是如何认识学科的,包括基本概念和基本原理在教师的学科教学设计中也很重要,如果教师的教学设计对学生的认知过程不加考虑,教学效果也必然不会很好。另外,当前学科的发展不再是独立的,很多学科不仅仅局限于学科自身,往往与其他学科有交叉和融合,教师在进行学

---

① 史密斯,雷根.教学设计[M].庞维国,等,译.3版.上海:华东师范大学出版社,2005:9.

科教学设计时要充分考虑到学科融合这一发展趋势,而不是仅仅局限于自己所教授的学科。因此,我们认为,教师在进行学科(课程)教学设计时要遵循以下基本原则。

一、遵循学科的本质特征和内在逻辑

不同学科在发展的过程中形成了自身的独特性,这种独特性即为学科的本质特征。所谓本质特征,即该学科区别于其他学科最根本的特点,在义务教育学科课程标准中表述时往往会用课程性质进行说明。如"数学是研究数量关系和空间形式的科学""物理学是人类科学文化的重要组成部分,是研究物质、相互作用和运动规律的自然科学""语文课程是一门学习语言文字运用的综合性、实践性课程""义务教育阶段的英语课程具有工具性和人文性双重性质"等等。数学、物理等自然科学有明确的研究对象,其课程性质的表述清晰具体;作为人文社会学科的语文、英语等在论述其课程性质时,一般强调其人文性、工具性和实践性等,重在其应用。

二、遵循学科学习的认知规律

早期的学习心理学家通过对动物和人类的研究,发现并总结了很多有关学习的规律,影响深远。如前面提到的行为主义学派的"刺激—反应—强化"理论;认知主义代表人物加涅的学习的条件和学习结果分类理论;皮亚杰和维果茨基(Lev Vygotsky)的建构主义学习理论;等等。这些学习理论为人类的学习提供了普适的心理学依据,但是在涉及学校教育情境中的具体学科教学时,却有一定的局限性。比如,不同学科的概念或者规则的学习,学习者的学习心理有一定的差异;对于同一学科中的概念或者规则的学习,不同学段的学习者学习心理亦有一定的差异。于是,当代心理学家开始研究人类尤其是儿童在学习具体学科内容时,他们是如何认识问题的,思维过程如何,从而为教师进行具体学科的教学提供相应的理论依据。因此,教师在进行学科教学设计时,需要遵循学生学习具体学科的心理规律。

三、遵循课程融合的发展趋势

课程融合的发展趋势使得课程不再是孤立的存在,跨学科的内容越来越多,从而对教师的要求也越来越高。对于教师来说,要想给学生一滴水,一桶水的知识储备已经远远不够了,教师要成为源源不断的活水,能够不断地汲取新知识,尤其是其他学科的知识,从跨学科的视野来看待本领域的知识,达到学以致用。比如,信息技术课程和语文课程的融合,学生在学习完信息技术课程中 Flash 动画的设计之后,能够应用 Flash 动画软件制作出中华文字的演变过程。从学科融合视角进行的学科课程设计,在教育部 2011 年颁布的"科学"课程标准中有详尽的体现。"科学"课程标准的颁布是以对科学本质的认识为基础,以提高学生科学素养为宗旨,它关注科学、技术、社会、环境之间的关系,以帮助学生从整体上认识自然和科学,深化对科学的理解,促进科学素养的发展。再如,当前中小学和高校教育教学领域比较倡导的 STEM[科学(science)、技术(technology)、工程(engineering)和数学(mathmatics)英语首字母缩写]课程、STEAM(科学、技术、工程、艺术和数学)课程的研究与设计也在不断地探索学科融合教育和教学。对于学科教师来说,要想更好地进行学科教学设计,必须考虑学科之间融合的发展趋势,考虑学科在整个学生综合素养和创新能力培养方面的作用,并进行有效的衔接。

思考与行动

1. 你认为在进行课程教学设计时,主要应该考虑哪些问题?

2. 以科学课程为例,谈谈你对信息技术与科学课程融合的理解。

学习成果记录

第三节　学期课程教学设计过程与方案的编写

一、学期课程教学设计的一般过程模式

教学设计的过程模式很多,如果从层次上划分,可分为:以"系统"为中心的教学设计模式,以"课堂"为中心的教学设计模式,以"产品"为中心的教学设计模式。课程教学设计的一般过程模式是在教学设计的过程模式基础上,结合具体学科进行。如前所述,它是对学科课程教学进行的系统规划过程。图 10-1 是在教学设计理论指导下,结合中小学教师教学实践,对课程与单元层次进行的教学设计[①],课堂层次教学设计参考第九章内容与具体案例。

二、学期课程教学设计的过程

学习需要分析是希望学习者通过学习达到的目标和学习者当前现状之间的差距,而课程设计的目的即是帮助学生弥补这个差距,从而达到课程教学目标。要想做好一门学科的课程设计,教师需要非常清晰地了解此差距,也就是要做好学习需要分析。理论上,中小学教师应该非常清楚一门学科学生从小学到高中甚至到大学每一个阶段需要达到的目标以及相应需要掌握的知识和技能。但是,教师在具体的课程教学过程中,针对课程设

---

① 康翠. 基于教师专业发展的学科教学设计研究——教案编制的视角[D]. 北京:北京师范大学,2011.

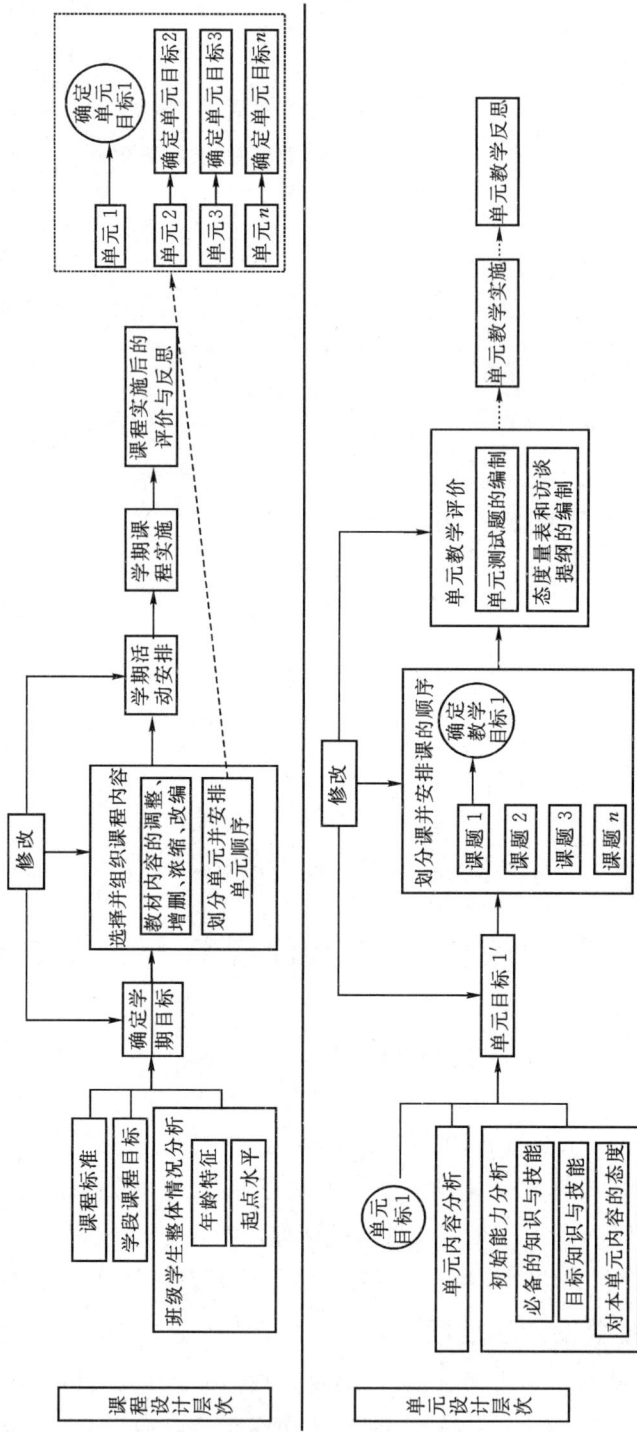

图 10-1 学期课程教学设计的一般过程模式

计做得最多的主要是学期课程设计。在做学期课程设计时，教师应该按照以下步骤进行：

1. 阅读课程标准

课程标准是学生通过课程学习以后应该达到的最低要求，是教师进行教学设计的重要依据。目前，中小学各科除了信息技术和英语课程之外，其他都有明确的国家课程标准。教师在进行课程设计之前要首先阅读课程标准，对各个学段、各个年级、各个学期应该达到的目标有清晰的了解,做到了然于心,成竹在胸。

2.分析教材

教材一般被称为"教科书"。尽管大家对教材的认识是"教材仅仅是用于教学的材料",也被反复教导教师的教学不要局限于教材。但实际上,当教师的认识无法超越教材编写者或者教师没有能力对教材进行合理增删时,它即是教师直接实施教学的"教科书"。在学期课程设计阶段,分析教材主要是分析各个单元之间的逻辑关系,是并列关系、顺序关系还是综合关系,以为后续单元设计和课时设计提供指导。另外,有经验的教师还会对不同出版社的同类型内容的教材进行比较,取其精华,从而确定本学期自己所授课的内容和授课形式。

3.分析学习者特征

在课程设计阶段,学习者特征分析主要包括分析学习者的一般特征、学习风格和起点水平。学习者一般特征分析可以为教师针对具体年龄阶段选择课程内容和相应的活动提供依据;学习者学习风格的差异可以为教师针对不同风格的学习者制定差异化的教学策略从而提高学习效果提供依据;学习者起点水平主要是分析学习者学习本课程之前基本程度如何,学习者起点水平为教师如何处理教材提供依据。具体分析时,教师可以通过查阅学科期末考试成绩、新学期课程开始之前进行测试、问卷调查和访谈等形式了解。

通过以上分析,教师已经基本确定了本学期此学科的课程目标和课程内容。

4.制订课程实施方案

课程目标和课程内容确定之后,如何实施课程教学呢?这就需要教师设计详细的课程实施方案,方案中应包括学期课程目标、课程单元(章节)的划分和每个单元(章节)的单元目标、整个学期课程活动的设计及课程教学结束后如何对学生进行有效评价的设计。

三、学期课程教学设计方案的编写

教学设计方案编写可以看成是记录教师教学设计的过程,也可以作为教师实施课堂教学的一个蓝本。所以,课程教学设计方案的编写对教师系统设计和实施教学课程都非常重要。

在一线教学中,常常有一些固有的计划教学的方式,这些方式对教师的日常管理和课堂教学来说,起一定的辅助作用,方便教师查看。例如,教师在开学之初,学校基本上会要求年级组规划学期教学进度,对整个学期的课程进行相应的安排。它的优点在于教师能够按照工作进程进行计划,了解学期的时间安排;局限性是过于形式上的分析,并不能够使教师从整体上把握一门课程的脉络,而且教师基本上是笼统地把本学段的课程标准摘录在教学进度表中,并未细化到学期目标,不具有针对性;对单元的划分也基本上是遵循教材中的单元内容和顺序,未进行适当的加工。不过,我们在编制学期课程教学设计方案时,对教学计划进度表中比较合理的要素予以了适当的考虑,方便教师的日常使用。

学期课程教学设计方案的构成要素如下:

1.学期课程目标

一般从知识与技能、过程与方法、情感态度价值观三个维度进行目标的确定,根据不同学科的课程标准,会有不同的要求。

2.学生(学情)分析

学生分析包括学生的年龄特征和起点水平等群体性特征,同时也包括学习风格、学科态度等个性特征。因为学生的学习风格、学科态度等特征对学生个体来说虽有所差异，但总体来看，是比较稳定的，教师在学期教学之前要进行一定的分析，这些个性化的分析结果并不作为学期目标的制定依据，而是作为后续课堂教学策略制定的依据。因此，图10－1的课程设计模式并不出现学生的学习风格、学科态度等学生的个性化特征要素，但是在学期教案编制时要有相应的分析。

3. 课程内容的选择和组织

课程内容的选择和组织包括：教材内容的调整、增删、浓缩和改编以及相应的理由；所选内容与学段或整个中小学阶段相关内容之间联系的分析；单元的划分和顺序的安排。

4. 学期活动的安排

学期活动的安排包括单元活动的安排或一个完整的学期活动安排。

5. 参考资源

参考资源是指学期教案编制时已经用到的和将要用到的各种资源，包括人力资源（如邀请专家做讲座，组织学生参加社区实践等）和非人力资源（书籍、报纸、杂志、电子资源等）。

6. 学期课程实施后的评价和反思

学期课程实施后的评价和反思包括如何判断学生是否达到了学期课程目标的评价的设计（如期末测试题的设计，学习档案袋的评价，等等）和学期课程结束后的反思（包括课程目标是否合适，学期活动安排是否合适，为下学期课程教学能够提供哪些建议，等等）。

思考与行动

选择自己拟进行或正在从教的学科，应用课程教学设计的过程模式，设计一个学期的课程教案。

❦ 学习成果记录

第四节 单元（章节）教学设计过程与方案编写

单元（章节）是课程内容的基本单位。课程层次的设计完成之后，教学设计进入到了单元（章节）层次。

一、单元教学设计过程

此层次的教学设计遵循以下步骤：

1.划分课

单元（章节）目标是中观层次的目标，比课程目标具体，但比课时目标又宽泛。如何把单元（章节）划分为具体的一节一节的课，同时又针对每一节课设计出学生通过学习以后应该达到的教学目标就显得尤为重要。课时的划分同样也要考虑各节课之间的关系，是顺序关系、并列关系还是综合关系。不同学科的单元（章节）所包含的课之间的关系也不一样，如语文、英语、政治等人文社科类科目，各课之间基本独立，先学什么，后学什么，可以适当调整顺序；但数学、物理等自然科学类科目，各课之间基本上是顺序关系，上一课的内容是下一课的基础。

2.分析学习者初始能力

前期的学习者分析，教师已经基本清楚学生的一般特征、学习风格和初始能力。但是，具体到每一个单元（章节），学习者的先决知识与技能、目标知识与技能以及对所学内容态度等，也需要进行详细分析。比如，同样是一门语文课程的学习，学生在学习人物描写单元和说明文单元时，准备情况和对内容态度会有所差异，教师要针对单元进行学习者初始能力分析，从而为更好地设计一个单元的教学做好准备。教师可以通过单元前测、调查、访谈等形式了解。

3.确定课的目标和具体课时

课划分结束后，就要确定每课的教学目标。需要说明的是，课和课时并不相同。课是组成单元（章节）的基本单位，指的是一个独立的内容。以语文为例，课是指每一个单元中的每一篇课文。课时是学生上一节课的时长，一般在 35～45 分钟。再以语文为例，每一篇课文教师可能要讲授 1～3 课时。这里确定课的目标，不是课时目标，而是一个完整的课的目标。

4.设计单元（章节）教学方案

作为一个整体的单元（章节），教师需要根据每一个单元（章节）要达到的基本目标，从而在此基础上进行方案的设计。方案中要包括单元目标、课的划分（课的目标和课时）、单元教学策略和单元教学评价。

二、单元教学设计方案的编写

单元教案的设计遵循了单元设计的基本过程，主要包括以下基本要素：

1.单元目标的确定

单元目标是学生通过单元教学应该达到的目标。要准确地制定单元目标，教师需要对学生学习本单元的初始能力进行分析。学生的初始能力分析包括学生学习本单元的先决知识与技能分析，目标知识与技能分析，对本单元内容的态度分析，一般通过编制单元前测试题、问卷调查和访谈等形式获得。

2.单元内容分析

单元目标分析是一个重要的环节,根据要达到的目标的类型不同,在教学设计中选择合适的分析方法,如归类分析、图解分析、层级分析和信息加工分析等,找出内容之间的关系,继而划分出一节节的课,制定每节课的教学目标。但是,在教师的教案编制中,单元目标的达成是以所选择的内容为载体的,对于一线教师来说,更多的是对单元内容进行的一种选择和分析,因此,在单元教案编制中把单元目标分析书写为单元内容分析,提醒教师需要选择哪些内容,这些内容之间的关系如何,同类教学内容在本学段和整个小学阶段之间的地位和作用如何,等等。

3.单元教学评价

单元教学评价即指单元教学结束以后,如何确定学生是否达到了单元目标。评价的方式一般是根据单元目标的要求,采用编制后测试题和访谈的方式进行。测试题主要是针对知识与技能类目标,而访谈提纲或者观察表的设计主要针对态度类目标进行。

4.单元参考资源

单元参考资源是指与本单元相关的参考资源,包括纸质材料、电子资源等。

5.单元教学反思

单元教学结束后,对单元设计的效果要进行全面反思。

三、单元教学设计方案举例①

一、单元基本信息			
单元名称	走进网络世界	教材章节	江苏凤凰科学技术出版社《信息技术》第 2 章
授课班级	初二(8)班	授课时数	2 课时

二、学生初始能力分析
学生在生活或是学习中已经能够感受到网络的存在和影响,也多多少少都能够感觉到网络带来的变化。但与此同时,因为可能有一部分学生没有上过信息技术课,甚至还没有接触过电脑,所以可能会有部分学生对这部分的学习内容不甚了解。 　　另外,学生在对因特网、Wi-Fi、无线路由器等构建网络的基本认识和理解程度不同。

三、单元目标确定
1.举例说明网络对人们生活、学习、工作的影响;
2.举出生活中常见的网络载体;
3.应用网络进行论坛的注册、登录、发帖、回帖、加好友等基本操作;
4.说出网络的基础知识;
5.举例说明计算机接入因特网的方法;
6.正确构建简单局域网;
7.学会在网络上浏览、分享信息以及通过网络表达观点、与他人交流的方法;
8.在实际练习中,体会到网络是一种比较直观的与他人分享内容的途径;
9.在学习中感受成功的喜悦,在不断探索与尝试中激发求知欲,初步形成文明上网的道德情操;
10.遵守网络道德,规范上网行为。

---

①　本案例选自江苏大学教师教育学院 2014 级学生吴凡设计的单元教案。

四、单元(章节)教材内容分析

1.单元内容之间的关系以及对教材内容的分析和处理

本教材的这个单元共分为三个部分:"网络改变生活"、"构建身边的网络"以及"健康上网"。考虑到"网络改变生活"和"健康上网"这两部分内容都是与正确运用网络的理念有关的学习内容,因此对教材进行了再开发,将这两部分的内容合并为一个课时。

除此之外,对于本单元第一部分"网络改变生活"的教材内容,根据学生目前的实际情况做出了相应的教学内容调整:将具体通过学生登录"My0511.com"并通过观看老师演示、自己实践操作、学习总结领悟的方法掌握这一小节的知识并且基本熟悉网络的作用。

2.支持学习内容的软件功能分析

本单元的学习主要是通过因特网直接在网站上进行操作学习,不需要额外软件的学习。

3.与学习内容相关的新思想、新发展等

因特网的使用和广泛影响:人际关系、多元化信息共享、绿色网络环境。

五、课的划分和顺序安排

课的名称	教学目标	课时
第一课:网络改变生活	1.举例说明网络对人们生活、学习、工作的影响; 2.举出生活中常见的网络载体; 3.应用网络进行论坛的注册、登录、发帖、回帖、加好友等基本操作; 4.学会在网络上浏览、分享信息以及通过网络表达观点、与他人交流的方法; 5.在实际练习中,体会到网络是一种比较直观的与他人分享内容的途径; 6.在学习中感受成功的喜悦,在不断探索与尝试中激发求知欲,初步形成文明上网的道德情操。	1
第二课:构建身边的网络	1.说出网络的基础知识; 2.举例说明计算机接入因特网的方法; 3.正确构建简单局域网; 4.遵守网络道德,规范上网行为。	1

六、单元教学评价

此单元没有测试习题,但有以下需要完成的实际操作任务:

1.在 My0511 论坛上注册、登录个人用户;能够找到加好友的途径;能够选择模块和主题进行发帖和回帖的信息分享练习。

2.能够了解接入因特网的几种方式并且知道其特点。

单元教学反思

(此处如未实施,暂不撰写)

思考与行动

结合上节自己设计的学期课程教案，尝试选择一个单元进行单元教案设计并实施。

_____
_____
_____
_____

❧ 学习成果记录

第十一章　学期课程教学设计案例

案例

夏琳·丹尼尔已经有5年教龄了。

在周末的科学研讨班中，她认识了来自英兰德学区的欧尼克斯学校的一些成员。在这个研讨班里，她与他们是一个活动小组，他们正在为回到英兰德以后的教研活动收集材料和制订计划。他们邀请她参加他们的活动。不久，她来到了英兰德，参观了他们的小组教研活动，互相听课并交流意见，共同尝试新的教法。

当欧尼克斯开始正式活动时，夏琳热情地要求参加。经过面谈，她被正式吸纳为新成员。她的那个小组的成员告诉她，她要有个"辅导伙伴"，而且他们应互相听课，互相帮助。每年他们必须针对某一两个教学策略达成一致意见并把它作为这一年的教研重点，潜心掌握并在课堂上亲自实践。

在第一次研讨会之前，他们给了夏琳一些课程材料和所采用的教学策略的理论性阐释。第一次教研会议几乎完全侧重于对教学策略的运用、理论原则和各类学生不同反应的探讨。夏琳很吃惊，她原以为这会是一次教学演示，但那是下一次的教研任务。第二次，来自英兰德的教学顾问现场演示了教师们不久给学生上课要采用的教学策略。一些小组成员对科学课的教学策略很不习惯，顾问强调说他们熟悉学习者的角色于他们来说是很重要的，因为他们马上就要教学生同样的角色。在会议临近结束时，教学顾问给一群孩子上一堂精心策划的观摩课。她给在场的学生和教师们讲解了课上运用的教学策略。学生们走后，他们讨论了这节课，并研究了应如何适应不同类型的学生。在第二次教研活动中，夏琳发现人们希望她能准备一节课讲给她的同事们听。

——布鲁斯·乔伊斯等《教学模式》

名人名言

人是造物中最崇高、最完善、最美好的。

寻求并找出一种教学的方法，使教员因此可以少教，但学生可以多学；使学校因此可以少些喧嚣、厌烦和无益的劳苦，多具闲暇、快乐和坚实的进步……

愿它为一切教育人的人所做到，使他们能去领略他们的工作和他们自己的美德的尊贵，使他们能用尽方法去使他们的信仰得以实现。

——夸美纽斯《大教学论》

📝 **知识要点**

为了更清楚地理解课程设计的过程与结果,我们分别提供两个案例①供参考。在进行课程设计时,要结合本校学生的实际情况进行。

【案例 11-1】　　A 中学七年级上学期思想品德课程设计

通过前期的初步调研,发现 A 中学七年级部分学生自身存在一些不容忽视的问题,如不爱与人交往、缺乏与人合作的态度、容易冲动、法律意识淡薄,等等。初中学生正处于向成年人过渡的青春期,自我意识和独立性逐步增强。此时也是思想品德和价值观念形成的关键时期,迫切需要在思想品德的发展上得到有效帮助和正确引导。因此,在初中阶段帮助学生形成良好品德,树立责任意识和积极的生活态度,对学生的成长具有重要作用。

人的思想品德是通过对生活的认识和实践逐步形成的,如何在生活和实践中培养学生良好的思想品德就成为思想品德课程教师需要考虑的一个关键问题。因此,在认真研读《全日制义务教育思想品德课程标准(实验稿)》,研究选用的人教版《思想品德七年级上册》教材,结合七年级学生的心理特点和 A 中学七年级新生目前存在的一些问题的基础上,我们对七年级上册思想品德课程进行了初步的设计。

学生(学情)分析
年龄特征
初一学生刚刚跨入少年期,理性思维的发展还有限,身体发育、知识经验、心理品质方面依然保留着小学生的特点。自我意识开始发展,有了一定的评价能力,也开始注意塑造自己的形象,希望得到老师和同学的好评,在学习和纪律方面会认真努力,力争给老师和同学留下好印象,但思维的独立性和批判性还处于萌芽阶段, 　　神经系统调节能力较差容易受外界影响,顺利时盲目自满,遇挫折时盲目自卑,泄气,有从众心理。
起点水平
学生经过小学阶段的"品德与生活""品德与社会"课程的学习,在态度方面已经具备一定的水平。我们针对期望学生达到的目标进行了详细的调研分析,发现大部分学生: 　　·知道自己是班集体中的一员,但还不懂得如何关心集体,参加集体劳动时不够积极主动。 　　·不能按时完成作业,还未养成良好的学习习惯。 　　·知道生活和学习中会有困难,但未形成积极上进的生活态度。 　　·对情绪没有基本的认识。 　　·不了解社会交往中应遵循的基本礼仪。 　　·知道做人要自尊、自爱,但不善于反省自己的生活和行为,不太懂得欣赏和尊重别人。 　　·具有关心他人的意识,但不太了解与父母、同学和老师交往的道德规范,对如何处理与父母、同学、老师之间的矛盾还缺乏一定的技能。 　　·知道吸烟、酗酒、迷恋游戏机等是不良的生活习惯,但对其危害认识还不够。 　　·理解集体生活中规则的作用,能够自觉遵守活动规则和学校纪律。 　　·还不具备一定的法律知识、安全意识和自护自救能力,对遭遇不法侵害时如何运用法律保护自己还缺乏相应能力。

---

① 案例非真实案例,为编著者撰写,主要为了帮助读者理解学期课程的具体设计过程。

学习风格
独立性与依赖性的统一,不愿让大人管,但学习和生活中遇到具体困难希望得到老师和家长的帮助。新鲜感和紧张感的统一,对新环境新老师新同学新学科感到新鲜。但不久后,由于学科增多,复杂性增强,课时延长,考试增多,教法和学法与小学不同,使其感到紧张。
学科态度
A中学七年级学生在小学阶段已经学习过"品德与生活""品德与社会"课程,对教师在此类课程中开展形式多样的教学活动很感兴趣,但是对一些认知层面的内容理解尚处于低水平的知道层次,还需要进一步加强;在情感上能够接受某些价值观,但尚未运用到自己的生活和学习过程中,没有形成一定的习惯。总体来说,他们对"思想品德"课程还是很感兴趣的。

学期课程目标的确定

　　期望学生经过一个学期的学习,能够达到以下目标:

1.热爱集体,养成良好的学习、劳动习惯和生活态度。包括:

· 积极参加集体劳动,主动打扫教室卫生。

· 善于与同学交流、合作、分享快乐。

· 按时完成作业,合理规划自己的作息时间。

· 学习和生活上遇到困难,能积极寻求帮助。

2.保持积极、乐观、向上的情绪状态。包括:

· 知道情绪的多样性。

· 理解情绪对生活的影响。

· 了解情绪调节的基本方法。

· 理智地调控自己的不良情绪,增强自我调适、自我控制的能力。

3.善于建立良好的人际关系。包括:

· 知道基本的交往礼仪。

· 学会欣赏和尊重别人,能够主动反省自己的生活和行为。

· 了解我与他人(父母、同学、老师等)的道德规范,能够正确处理与他人的关系。

· 初步培养交往、沟通与合作的能力。

4.尊重法律,树立自我保护意识。包括:

· 理解社会生活中的必要规则。

· 知道法律是一种特殊的行为规范及法律在社会生活中的作用。

· 了解我国法律对未成年人的特殊保护。

· 认识到吸烟、酗酒、迷恋游戏机、"黄、赌、毒"以及"法轮功"邪教等的危害,并自觉远离这些危害。遵纪守法,增强寻求法律保护的能力。

教学内容的确定

对教材的审视和调整

　　本学期课程选用教材为人教版《思想品德七年级上册》。本册教材共分四个单元,即第一单元"笑迎新生活"、第二单元"自我新期待"、第三单元"过富有情趣的生活"、第四单元"过健康、安全的生活"。每一个单元都根据学生现实的成长历程的特点和需求,安排教材内容序列,同时结合七年级学生可能会遇到的主要问题,确定教育主题,围绕主题安排相应内容与实践活动。教材设计注重情景化、生活化、思维化、活动化、综合化,同时也有一些项目主题探究。

　　教材本身设计比较合理,内容丰富,教学主题我们基本沿用教材。但是,有些内容对 A 中学的学生来说可能还不够(如人际关系的沟通与建立、自我保护等),需要在教学中多安排一些实践活动进行。

所选内容与初中阶段相关内容之间联系的分析

　　由于《全日制义务教育思想品德课程标准(实验稿)》对课程目标进行了规范和说明,但没有具体化到每一学期。从内容标准来看,思想品德课程主要包括"成长中的我"(认识自我、自尊自强、学法用法)、"我与他人的关系"(交往与沟通、交往的品德、权利与义务)、"我与集体、国家和社会的关系"(积极适应社会的发展和进步、承担社会责任、法律与社会秩序、认识国情爱我中华)三部分内容,在进行课程设计时,我们要参考这三部分内容的具体要求。

　　思想品德是帮助学生顺利实现社会化,为以后实现有价值的人生而奠基的课程。教材中初一着力培养学生的适应(新环境)能力、调适(情绪)能力和生活(自立自强)能力;初二着力培养学生的交往能力和维权能力;初三着力培养学生的社会参与和选择能力。刚升入初中的学生,要加强养成教育,注意心理辅导自我意识的教育,情绪辅导,青春期教育,学法指导,学习方法和学习习惯及时间分配等。

　　本学期的内容是后续内容的基础,与后续内容是一种承接关系;单元之间的关系如下图所示。

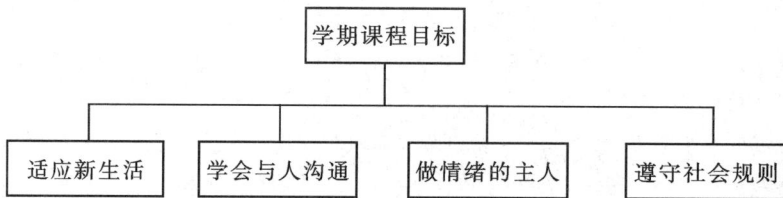

单元的划分和顺序的安排				
单元名称	单元目标	课时	日期
笑迎新生活	热爱新生活和新集体,形成良好的学习、劳动习惯和生活态度	6	
学会与人沟通	学会人际交流与沟通,形成建立良好人际关系的习惯	8	
做情绪的主人	保持积极、乐观、向上的情绪状态	8	
遵守社会规则	树立自我保护意识,自觉抵制不良诱惑	8	

学期活动安排

1."我最欣赏的人"交流会

学生选择一位自己欣赏的人,可以是历史人物,也可以是自己身边的亲人、同学和老师,写出他/她身上闪耀的能让自己和同学一起学习的优点,包括学习态度、生活习惯、人际关系、工作态度等方面,在交流会上进行讨论。

2."我是如何化解与父母或同学的冲突的"经验交流会

创设一个"我是如何化解与父母或同学的冲突"的问题情境,引导学生积极参与,交流、讨论各自解决矛盾的方法,分享成功解决矛盾的经验。一方面,促进同学们之间的交往与合作意识;另一方面,提高学生处理现实生活问题的能力。

3."如何进行合理的情绪宣泄"演讲会

学生通过演讲的形式,说明当自己情绪冲动或低落时,如何利用倾诉、转移、换位、自嘲等方法,进行合理的情绪宣泄。由于七年级学生有相似的生活经验,他们在日常生活中往往会遇到共同的问题,因此对这些问题的处理是学生的一种切身体验,容易引起共鸣。

4.邀请法律人士做报告

邀请法律人士为学生讲解未成年人保护方面的法律知识、维权途径和相关案例,给学生创造一个充分理解法律、运用法律保护自我的环境,让学生对法律有更深刻的认识。

参考资源

1.人教版初中思想品德课程教材

2.人民教育出版社思想品德课程电子资源 http://old.pep.com.cn/sxpd/

3.初中思想品德课程标准

课程实施后的评价与反思

1.对学生的评价。此部分评价内容和评价手段要与课程目标相对应。由于思想品德课程重视学生情感态度价值观的培养,在对学生进行评价时要结合学生的平时表现,尤其是对行为表现进行评价。多采用观察、档案袋等质性评价方法对学生进行评价,避免直接用出试卷的形式进行。

2.对课程实施后的反思。课程实施后要根据本学期实施情况结合学生的学习情况进行反思,反思形式可以用课堂教学案例、反思日志等形式进行。

【案例11-2】　　　B中学七年级上学期数学课程设计

B中学七年级学生,数学水平普遍较低。老师通过查看学生的小升初考试成绩,发现有很多同学的数学基础较差,不能运用学过的数学知识解决一些简单的数学问题,如"估测一粒花生米的质量"这个问题都很难解决。同时,老师通过与同学们的接触了解到,有一部分学生对数学存在严重的恐惧和厌倦情绪,不喜欢上数学课。

如何提高学生的数学学习兴趣,使他们尽快适应初中数学学习,成为数学教研组要考虑的一个问题。下面是我们结合该校学生的实际情况,对七年级数学上册进行的课程设计。

学生(学情)分析
年龄特征
初一学生刚刚跨入少年期,理性思维的发展还有限,身体发育、知识经验、心理品质方面依然保留着小学生的特点。自我意识开始发展,有了一定的评价能力,也开始注意塑造自己的形象,希望得到老师和同学的好评,在学习和纪律方面会认真努力,力争给老师和同学留下好印象,但思维的独立性和批判性还处于萌芽阶段,神经系统调节能力较差容易受外界影响,顺利时盲目自满,遇挫折时盲目自卑,泄气,有从众心理。
起点水平
通过对学生的小学数学成绩和学生学习数学的态度进行详细调查、分析,发现相对于预期要达到的目标来说,学生目前在认知和态度方面已具备的普遍水平如下: 1.认知 • 已掌握四则运算的意义,具备了必要的运算技能。 • 已了解一些几何体和平面图形的基本特征。 • 对平移、旋转和轴对称有一定的理解。 • 基本掌握确定物体位置的方法。 • 基本掌握测量、识图和画图的方法。 • 基本掌握数据的收集、整理和分析过程,具备简单的数据处理技能。 • 对如何运用负数来解决问题,如何进行估算还缺乏相应的技能。 • 对运用方程表示简单的数量关系以及解简单方程还缺乏相应技能。 • 对分数和百分数的意义理解不够,不能运用于解决实际问题。 • 对数学的价值认识不够。 2.态度 • 愿意了解社会生活中与数学相关的信息,但不太主动参与数学学习活动。 • 在遇到数学活动中的困难时,容易放弃,对自己能够学好数学不够自信。 • 尚未养成乐于思考、实事求是、勇于质疑等良好品质。
学习风格
独立性与依赖性的统一,不愿让大人管,但学习和生活中遇到具体困难希望得到老师和家长的帮助。新鲜感和紧张感的统一,对新环境新老师新同学新学科感到新鲜。但不久后,由于学科增多,复杂性增强,课时延长,考试增多,教法和学法与小学不同,使其感到紧张。
学科态度
B中学七年级学生,数学水平普遍较低。老师通过查看学生的小升初考试成绩,发现有很多同学的数学基础较差,不能运用学过的数学知识解决一些简单的数学问题,如"估测一粒花生米的质量"这个问题都很难解决。同时,老师通过与同学们的接触了解到,有一部分学生对数学存在严重的恐惧和厌倦情绪,不喜欢上数学课。因此,课程刚开始的时候,不要追求"难度"和"进度",要重视基本概念的学习、剖析和应用,只有基础牢固,才有可能在整个中学阶段学得轻松而有成效。

学期课程目标的确定

期望学生经过一个学期的学习,能够达到以下目标:

1.认知

- 能说出什么是负数。

- 能运用估算的方法解决实际问题。

- 能陈述分数和百分数的意义,并运用于解决实际问题的过程中。

- 能进行有理数的加、减、乘、除、乘方运算。

- 能运用有理数的运算解决简单的问题。

- 能进行代数式的运算。

- 能运用代数式解决简单问题。

- 陈述方程的意义,能解简单的方程。

- 能列一元一次方程,并求解。

- 能应用一元一次方程解决实际问题。

- 陈述最基本的平面图形的性质。

- 概率的简单计算。

- 根据实际问题情境,应用概率解决问题。

2.态度

- 积极参与数学活动,对数学有好奇心和求知欲。

- 有克服困难的勇气,具备学好数学的信心。

- 勇于质疑,乐于思考,遇到问题及时求助,体验与人合作成功解决问题的快乐。

教学内容的确定

对教材的审视和调整

本学期课程选用教材为人教版《数学七年级上册》。本册教材共分四章,即第一章“有理数”、第二章“整式的加减”、第三章“一元一次方程”、第四章“几何图形初步”。每一章都是根据学生的认知发展特点以及数学的基本逻辑结构进行的。教材设计合理,内容丰富,活动也符合七年级学生的身心发展和数学学习特点。但是,由于 B 中学七年级学生的数学成绩较弱,小学阶段的基础不够扎实,因此需要对教材进行适当的调整。

《数学课程标准》是对学生要达到的数学课程目标的最低要求,规定了每个学段的具体目标以及内容标准。《数学课程标准》对 7—9 学段的课程目标、学科内容进行了规范和说明,但并未具体化到每个学期。由于 B 中学学生的数学基础较弱,而且对数学的学习兴趣不够浓厚,设置期望学生达到的目标时要考虑到学生的情况,使之处于学生的最近发展区之内,让学生通过一定的努力都能够完成。因此,在认真研读《数学课程标准》和调研 B 中学七年级学生特征的基础上,制定了学生应达到的目标和相应的内容。

我们通过分析教材,结合数学课程标准中的基本要求,对本学期要达到的课程目标进行了确定(见前面“学期课程目标的确定”),同时也对教学内容的顺序和内容进行了适当增删(具体见“单元的划分和顺序的安排”),以使其符合 B 中学七年级学生的学习现状。

所选内容与初中阶段相关内容之间联系的分析

数学学科自身的逻辑性比较清晰。所选择内容与后续相关内容之间基本上是属于一种顺序关系。所选内容之间的关系如下图所示。因此,在安排教学内容顺序时也需要考虑他们之间的关系。

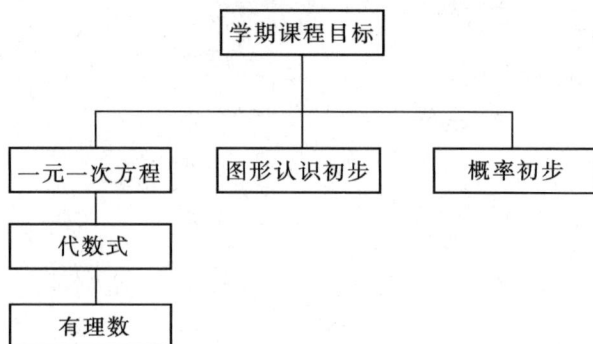

单元的划分和顺序的安排			
单元名称	单元目标	课时	日期
图形认识初步	掌握最基本平面图形的性质		
有理数	运用代数式解决简单问题		
代数式	应用一元一次方程解决实际问题		
一元一次方程	运用有理数的运算解决实际问题		
概率初步	应用概率知识解决简单问题		

学期活动安排

数学课程中问题解决和情感态度目标更多的是要求学生在课程活动中达成的,因此在实施课程教学时,安排什么样的活动就显得尤为重要。中学七年级学生刚刚完成由童年到少年的转变。其思维特征依然保留着小学生的许多特点,看问题仍然比较直观和感性,思维的独立性和批判性也处于萌芽的阶段,抽象分析能力较为欠缺,正面临着从形象思维向抽象思维的过渡。我们结合课程目标的要求、中学七年级学生的思维特点以及B校学生的独特性,特安排了以下课程活动:

1.学期消费记录

记录自己一个月的生活和学习收支项目,收入记为正数,支出记为负数,计算当月的总收入、总支出、总结余以及每日平均支出等数据。妥善保存账目,分析哪些支出是合理的,哪些支出是不可理的,并作为第二个月调整消费的重要依据。如此循环,持续记录一个学期的生活和学习费用。由于学生刚升入初中,家长给学生的生活和学习费用比小学阶段多,这一活动一方面使学生把学习的有理数知识运用到实际生活中;另一方面,可以培养学生勤俭节约的消费观念,避免不合理支出。

2.“打折销售”问题讨论会

安排两组学生,采用小品的形式,表演两类商家“打折销售”的场景。学生以小组为单位共同讨论,从中抽取出数学问题,互相交流解决办法。由于当前“打折销售”之类的商业活动比比皆是,学生对“亏本大处理”“挥泪大甩卖”等商业手段并不陌生。这一活动能促使学生运用一元一次方程解决现实生活中的“打折销售”问题,并引起学生的深入思考。

3.调查当地的某项抽奖活动,并试着计算抽奖者获奖的概率

对学生进行适当分组,分别到当地各种抽奖活动现场(如彩票投注站、商店举办的抽奖活动等)进行调查,了解各种抽奖活动的规则,计算出抽奖者获奖的概率,探讨中奖事件发生的可能性,把学过的概率知识运用到解决实际生活问题中去。

<table>
<tr><td colspan="1" align="center">参考资源</td></tr>
</table>

1.人教版初中数学课程教材

2.人民教育出版社数学课程电子资源 http://old.pep.com.cn/czsx/

3.义务教育数学课程标准

<table>
<tr><td align="center">课程实施后的评价与反思</td></tr>
</table>

1.对学生的评价。此部分评价内容和评价手段要与课程目标相对应。数学课程能使学生掌握必要的基础知识和基本技能,培养学生的抽象思维和推理能力,培养学生的创新意识和实践能力,促进学生在情感、态度、价值观等方面的发展。此处对学生的评价可以用纸笔测试的形式进行。

2.对课程实施后的反思。课程实施后要根据本学期实施情况结合学生的学习情况进行反思,反思形式可以用课堂教学案例、反思日志等形式进行。

思考与行动

1.通过比较两个案例,你认为人文类课程设计与数理类课程设计有什么不同?

2.假设有一天你接到了学校的任务,要你设计一门"信息技术环境下的人际交往"校本课程,为本校的学生使用。请你编写一个合理的校本课程方案。

_____

_____

_____

_____

_____

学习成果记录

第十二章 关于教学模式

案例

8点半：翠西带领她的五年级学生来到教室，同学们发现他们的课桌被排列成了马蹄形。本周他们被分成了若干小组，每组3人，每个小组成员需要与组内其他2名成员分享昨天放学后做的事情或观察思考的问题……

8点45分：翠西问，是否有人愿意分享对刚刚从同学那获得信息的想法？安迪站起来说：莎伦说到她姐姐周六要结婚，大家能否送她姐姐一张贺卡？同学们都同意了，并且决定由安迪负责去打印店打印贺卡。然后，南希说道，比利收到他的笔友（中国香港）的电子邮件，希望了解比利的同学们有多少兄弟姐妹，建议大家写下来给比利以便他回复他的笔友……

9点：翠西提供给一张某区的公寓楼相片，让大家从中获取信息。小组每个成员轮流指出图中的物体，并分别写下它们的名字，全班统计识别出的物体大概有30个……然后翠西提供本区的一个公寓的图片，让学生们对比，学生们惊奇地发现，居然25种是相同的……

9点半：独立阅读。大多数学生需要通过阅读百科全书、做笔记、探索开放性问题来了解某个地区。翠西用格雷朗读测试法来测试两名学生对文章的熟悉和理解程度，以此作为下学期提高学生理解能力设计的依据。

10点：写作。学生们利用他们描述的两张图片相关信息的单词，来比较这两个区的异同。翠西给学生们做了示范，重点讲了怎样把标题与首行联系起来确定主题。让同学们对课文的开头进行分类……

10点半：翠西用了合作学习策略、图文归纳模式、群体调查、归纳思维模式等设计了一系列活动，并用共同研讨法准备下一节课的内容，随着工作的开展，也将运用科学探究及其训练模式在学校附近的工厂开始一组新的教学活动……

——布鲁斯·乔伊斯等《教学模式》

名人名言

这是一件非常有价值的工作。当人们清晰地意识到影响事物发展的唯一障碍就是虚构和自我欺骗时就会感到难以忍受。做此项工作必须像观看一个物种起源一样认真。

——珀尔斯（Fritz Perls）致乔伊斯，1968年春

第一节 教学模式的概念

本节对模式与教学模式以及教学模式与教学设计的关系进行探讨。

知识要点

一、教学模式的定义

所谓模式,是对现实事物的内在机制及事物之间关系的直观和简洁的描述,它是再现现实的一种理论性的简化形式①。教学模式是"反映特定教学理论逻辑轮廓的,为保持某种教学环节的相对稳定而具体的教学活动结构"②。从这里我们可以看出,模式是理论与实践的中介和桥梁,它能够很好地把理论与实践结合起来,并指导实践;教学模式亦如此,是教育教学基础理论应用于教学实践的中介环节。

钟志贤教授认为:模式包括一个前提和两个要素。前提是模式要有一定的理论指导。两个要素:一是结构(要素之间的关系),二是过程(系统内部的动态过程)③。模式能够将存在的结构或过程中的相关要点联系起来。从系统科学的角度来看,系统科学中有一对范畴:①结构,是系统内部各要素的静态的、空间的组织和排列形式。《辞海》中关于结构的解释是:"……系统的结构可分为空间结构和时间结构。"这里的空间结构即为我们通常所说的结构,时间结构即为过程。②过程,是指系统状态的变化,要素的动态展开形式④。

赫尔巴特(Johann Friedrich Herbart)学派的主要代表人物赖因(Wilhelm Rein)曾明确指出,即使是最好的理论,如果它仍然是抽象的,那么肯定不可能对课堂教学产生多大的影响。为此,赖因努力使赫尔巴特的教学阶段论更加清楚、通俗,形成了一个系统的、注重实际的、能够为教师普遍接受的五段教学模式⑤,这种教学模式曾对我国 20 世纪的课堂教学产生了深远的影响。

由此可见,教学模式具有简约性、相对稳定性、系统性、操作性和个性化等特征,不同的理念指导下的教学模式是不同的,教学模式可以促进理论到实践的转化,经验到理论的升华。

乔伊斯、威尔和卡尔康(Emily Calchoun)认为,"一种教学模式就是一种学习环境,包括使用这种模式时教师的行为"⑥。他们认为教学模式就是学习模式,在帮助学生获得信息、思想、技能、价值观、思维方式及表达方式时,也要教他们如何学习。

综上,教学模式就是在某一教学思想和教学理论的指导下,围绕某一主题,为达到特定的学习结果而形成的相对稳定的结构形式或程序化操作过程。

二、教学模式与教学设计的关系

教学是有目的地促进学习以达成既定学习目标的活动,是教师有目的、有计划、有组织地引导学生学习和掌握知识和技能,培养学生情感态度价值观的活动。而教学作为一个系统,在这种活动的过程中,必然涉及其系统的构成要素。所谓要素,即是指构成事物的必要因素。在关于教学要素的各种观点中,有三要素说,即教师、学生、教学内容三要素;有四要素说,指教师、学生、教学内容和教学手段;有五要素说,指教师、学生、教材、工

---

① 查有梁.系统科学与教育[M].北京:人民教育出版社,1993:65.
② 顾明远.教育大辞典:第一卷[M].上海:上海人民出版社,1990:180.
③ 钟志贤.信息化教学模式[M].北京:北京师范大学出版社,2006:3.
④ 朱永海,张新明.也论"教学结构"与"教学模式"[J].电化教育研究,2007(10):36-40.
⑤ 转引自:黄甫全,王本陆,等.现代教学论学程[M].修订版.北京:教育科学出版社,2003:438.
⑥ Bruce Joyce,Marsha Weil,Emily Calhoun.教学模式[M].荆建华,宋富钢,花清亮,译.北京:中国轻工业出版社,2009:5.

具、方法；六要素说，即教师、学生、教学内容、教学工具、时间、空间；有七要素说，即学生、教学目的、教学内容、教学方法、教学环境、教学评价和教师。

教学结构是教学系统中各组成要素之间相互联系和相互作用的方式。前面我们谈到，教学模式是在某一教学思想和教学理论的指导下，围绕某一主题，为达到特定的学习结果而形成的相对稳定的结构形式或操作过程，它可能包括教学要素所组成的教学结构形式，同时也可能包括这些要素之间的程序化过程，还可能同时包含结构和过程。因此，从这个角度来看，教学模式可以分为教学结构模式、教学过程模式、综合性教学模式三类。

对教学系统要素之间关系的探讨和实践，形成的相对稳定的要素关系，称之为结构关系或结构模式。同时在对具体教学事件进行设计时，会涉及寻求活动要素之间的逻辑关系，对这种逻辑关系的建立和实践，最终形成的相对稳定的关系，我们把它称之为过程模式。有时会同时考虑系统要素和活动要素，会涉及两者之间的结合，形成综合模式。

可见，教学设计是形成教学模式的必要性条件。教学模式的形成，一方面依赖教学设计，一方面依赖教学实践。因此，教学模式是教学设计和教学实践共同的成果。同时，教学模式又是具体课程教学设计的理论依据。作为课程教学教师，可以在教学模式的具体指导下，针对具体的学习者和学科内容，设计出教学事件和教学流程，更好地帮助学习者学习。在教学设计学科的发展历史上，专家和学者研究出的教学设计模式有几百种，其中经典的教学设计模式就有几十种，这些模式主要强调教学流程设计的方法，属于过程性设计。因此教学设计模式又往往被称为教学过程设计模式。

思考与行动

1. 请谈谈你对教学模式的认识，以及你对教学模式与教学设计关系的理解。
2. 尝试将自己经历的教学活动要素分析出来，并用模式来概述之。

学习成果记录

第二节　教学模式的分类

分类是按照一定的标准,把事物的共同点和差异性区分开来。标准不同,分类形式亦不同。

📝 **知识要点**

一、乔伊斯的分类

美国学者乔伊斯和韦尔根据教学模式是指向人类自身还是指向人类的学习进行的分类,具体包括四大类,17 种教学模式[①]。

1.信息加工型模式

这类教学模式依据信息加工理论,把教学看作是一种创造性的信息加工过程,它着眼于知识的获得和智力的发展,具体如表 12-1 所示。

表 12-1　信息加工型模式

教学模式	创立者(修订者)
归纳思维(分类)	塔巴(Hilda Taba) (乔伊斯)
概念获得	布鲁纳(Jerome Seymour Brune) (莱特何 Fred Lighthall) (坦尼森 Tennyson 和科克奇瑞拉 Cocchiarella) (乔伊斯)
图—文归纳	卡尔康
科学探究	施瓦布(Joseph Schwab)
探究训练	萨奇曼(Richard Suchman) (琼斯 Howard Jones)
记忆术(帮助记忆)	普瑞斯里(Michael Pressley) 勒温(Joel Levin) 安德森(Richard Anderson)
集思广益	戈登(Bill Gordon)
先行组织者	奥苏贝尔(David Ausubel) (劳顿 Lawton 和万斯卡 Wanska)

---

① Bruce Joyce, Marsha Weil, Emily Calhoun. 教学模式[M].荆建华,宋富钢,花清亮,译.北京:中国轻工业出版社,2009:17-21.

(1)归纳思维教学模式。此模式适用于多种学科领域，并涉及所有年龄阶段的学生。如语音和结构分析、文学结构、国家历史等的研究中都需要采用归纳思维教学模式。

(2)概念获得教学模式。此教学模式是基于布鲁纳等的思维研究而提出。该教学模式旨在既要教给学生概念，又要帮助他们更有效地学习概念，并提供给不同发展阶段的学生从一系列题目中展现组织信息的有效方法。

(3)图—文归纳教学模式(PWIM)。由卡尔康创立的这个模式来自对学生如何获得书面语言能力，尤其是阅读和写作的研究。它与归纳思维模式、概念获得模式一起对促进单词、句子和段落的学习具有指导意义。

(4)科学探究教学模式。他们根据生物科学课程研究小组的研究结果，提出了"引入科学过程—帮助收集并分析资料—验证假设和理论—思考知识建构的本质"的科学探究教学模式。该模式可引导年幼儿童进入科学殿堂。

(5)探究训练教学模式。此模式旨在教会学生进行因果关系的推理，提问时流利、准确，形成概念和假设并加以验证，适用于自然科学、社会科学领域。

(6)记忆术教学模式。教师可以用该模式来呈现资料，也可教会学生使用在个体或合作形式下提高获得信息和概念能力的方法，适用于不同学科、不同年龄和不同性格的学生。

(7)集思广益教学模式。此模式旨在帮助人们在问题解决、写作等活动中打破常规，从更宽广的领域获得新的视角，能够提高学生的合作水平和研究能力。

(8)先行组织者教学模式。此模式旨在给学生提供一个通过讲授、阅读和其他途径获得的对理解材料的认知结构，广泛应用于各种教育领域和不同年龄的学生中，也很容易与其他模式结合，共同使用。

2. 社会型教学模式

这类教学模式依据的是社会互动理论，强调教师与学生、学生与学生的相互影响和人际交往，着眼于人的社会性品格的培养。

(1)合作学习教学模式。它既包括组织两人一组进行简单任务的学习，也包括把全班或学校组织成为学生能够进行自我教育的学习团体的复杂模式。合作学习过程有利于不同年龄的学生学习所有的课程，提高自尊、社会技能、同学之间的团结；有利于学生实现依据科学原理进行探究的模式来获得信息和技能的学业目标。

(2)团体调查教学模式。此模式旨在引导学生确定问题，探究问题的各个方面，一起掌握信息、形成观点和技能，并在这个过程中发展他们的社会能力。教师的任务在于团体的组织及管理，并帮助学生发现和组织信息，以确保活动和学习过程充满活力。

3. 行为系统型教学模式

这类教学模式是依据社会学习理论，它认为人类是种能够进行自我调节，并使之更好完成任务的有机系统。它集中在可观察的行为、已明确的任务以及教给学生进步的方法上，有着坚实的研究基础，适用于所有年龄阶段的学习者和广泛的教育目标。

(1)掌握学习和程序教学模式。首先，将要学习的材料由简单到复杂分成若干单元，通过合适的媒介逐步呈现给学生。学生按照单元一篇一篇地学习，每单元学完后进行一次测验，已确定掌握的程度。如果没有掌握，可以重学或另换一些近似的内容，直至完全掌握。

（2）直接教学模式。对教学目标进行直接说明，并建立与目标有直接联系的活动。

（3）模拟学习：训练及自我训练。创建一种接近真实生活的环境作为教学情境，在类似于真实情境中进行应用。

4.个人型教学模式

这类教学模式的理论依据是个别化教学理论与人本主义的教学思想。其核心是强调学生在教学中的主观能动性，着眼于个人潜力和人格的发展。如罗杰斯的非指导性教学模式，马斯洛的增强自尊教学模式。

二、案例分析

【案例 12-1①】

隔壁的另一间教室里，学生们两人一组坐下。在他们面前摆着一堆小物体，每一组学生都有一块磁铁。教师简·费希尔面带微笑地说，这种 U 型的物体叫作磁铁。"下面，我们要开始做一些与磁铁有关的事情。我们先来看看当这块磁铁靠近不同的物体时会发生什么情况。因此你们可以用手中的磁铁碰一下或接近一下你们面前的东西，看看会出现什么情况，然后根据发生的情况分类整理出其他的问题。"同时，简也要记下学生们对物体的分类情况，并根据这些分类开始单词学习课。

案例分析：

简用"归纳式思维"教学模式开始上课。这种模式从呈现给学生一些信息或让他们搜集信息并加以分类而开始。他们在根据物体对不同磁铁的不同反应而将他们划分为不同的种类时，也在验证着自己的假设。简会分析他们如何思考，看到了什么，没有看到什么，并帮助他们作为一个归纳思维者群体而学会处理其他领域的问题。

【案例 12-2②】

某小学二年级 33 位同学分成四组端正地坐在自己小组的座位上。他们刚学了统计的知识，现在还需要进一步熟悉、掌握。今天有一位平时表现优异的同学过生日，数学教师张老师特地为他带来了一个大蛋糕，伴随着《祝你生日快乐》的歌曲，同学们的积极性被调动起来，他们纷纷愿意告诉老师自己的生日是在哪个季节哪个月份。

张老师的问题来了："我们要想知道每个季节各有多少名同学过生日，该怎么办呢？"学生纷纷说出要调查、统计，并且举出了常见的统计方法（如举手、起立、画正字等），为小组合作学习打下基础。

老师开始布置任务："请同学们以小组为单位进行统计，然后派一名代表汇报统计结果，并讲清用什么方法统计的，统计了多少人。"由于小组人数比较多，教师给每个小组发两张统计单，小组内由两位同学负责统计，这样可以进一步核实统计的正确性。

教师巡视，关注需要帮助的同学。

5 分钟过去了，同学们的调查结束。"哪个小组愿意派代表说说你们小组是用什么方

① Bruce Joyce, Marsha Weil, Emily Calhoun. 教学模式[M]. 荆建华，宋富钢，花清亮，等，译. 北京：中国轻工业出版社，2002：4.

② 根据课堂视频实录《统计生日》（教材来源：小学二年级数学教材（北师大版））撰写。

法调查的？结果怎样?"小组代表依次拿着本小组的统计单贴在黑板上,在教师的指导下汇报调查的方法,并回答调查了多少人。

接着张老师让同学们根据黑板上每个小组出示的统计表,用彩笔在书上90页绘出全班同学在春、夏、秋、冬四个季节过生日的统计图。为了验证同学们画得正确与否,教师点了一名同学到讲台前用视频展示台展示她的统计图。

……

"统计生日"告一段落,教师用幻灯片出示"我喜爱的动画片"统计表,并提出问题："统计表中,告诉了我们哪些信息？你能根据统计表提出问题,并自己解答吗?"

……

案例分析：

生活中处处有数学,怎样培养学生用数学的眼光观察生活,用数学的头脑来思考问题呢？案例中张老师通过设置"统计生日"这一与生活密切相关的问题情境,综合运用各种媒体激发学生的热情,让他们始终积极、主动地参与到教学中去,并通过探究、合作最终掌握了统计的方法。合作学习教学模式对学生合作意识与合作能力的培养都有很大帮助。

思考与行动

1. 你认同乔伊斯对教学模式的分类方式吗？
2. 对教学模式,你还知道其他哪些分类形式？
3. 尝试应用某一教学模式对某一具体课题进行设计。

_____

_____

_____

_____

_____

❦ **学习成果记录**

附　录

附录一　几种典型的教学设计理论

一个较为完善的教学设计理论应该包括三部分内容：关于学习结果的理论、关于教学策略的理论和关于对特定的教学结果应该采取什么样的教学策略的理论。梅瑞尔认为所有教学设计理论都由三部分组成：关于知识和技能的描述性理论、关于教学策略的描述性理论和把知识技能与教学策略联系起来的规定性理论。规定性理论由"if...then..."形式的论断组成，即如果（知识结果的类型）则（对应特殊的教学策略）。因此，有学者将教学设计看成是以描述性理论为依据的规定性理论——关于特定的教学结果应该采用什么样的教学策略、教学方案的理论和实践；这就是说，如果学习者要获得某种特定类型的知识或技能，则教学必须要用与之相适应的特定教学策略——这类教学策略对于促进该知识和技能的获得是恰当的、必须的。我们认为规定性应该是教学设计理论的一个特性，不代表其所有特性和内容。

教学设计理论的形成起源于 20 世纪 30 年代，20 世纪 60 年代以来教学设计学科发展中最典型的教学设计理论有：加涅的教学设计理论、瑞奇鲁斯的教学设计理论、梅瑞尔的成分显示理论、史密斯和雷根的教学设计理论、迪克·凯里的教学设计理论等。下面是对这几种理论进行的简述。

1.加涅的教学设计理论

加涅对教学设计理论的建立做了开创性的工作。加涅的教学设计理论建立在两个基本观点之上：第一，学习者取得对应的学习结果是教学的主要目的，学生的"学"是获得学习结果的主要因素（内因），教师的"教"只是为学习结果的产生提供外部条件（外因），所以应"以学论教"；第二，不同的学习结果需要不同的学习条件，教学即是为学习者提供学习的外部条件——教学事件的过程。

加涅提出了一个关于知识与技能的描述性理论，认为个体学习的结果可以分为五种类型：言语信息、智慧技能、认知策略、动作技能和情感态度。加涅又进一步根据其学习的信息加工理论提出了一个关于教学策略的描述性理论。

在加涅看来，由于人类的内部心理加工过程（即信息加工过程）是相对稳定的，所以作为促进内部心理加工过程的外部条件即教学事件也应有对应的阶段。

由此观点出发，他根据学习过程中包含有多个内部心理加工环节，从而推断出构成教学过程的九大教学事件：引起注意、告知学习目标、刺激对先前学习的回忆、呈现刺激材料、提供学习指导、诱导学习行为、提供反馈、评价表现、促进记忆和迁移（如附表1所示）。加涅特别指出，以上九个教学事件的展开是可能的、最合乎逻辑的顺序，但也并非机械刻板、一成不变的，也就是说，并非在每一堂课中都要提供全部的教学事件。

附表1　教学事件与学习过程的关系

教学事件	内部心理加工过程
1.引起注意	1.接受神经冲动的模式
2.告知学习目标	2.激活监控程序
3.刺激对先前学习的回忆	3.从长时记忆中提取原有相关知识进入工作记忆
4.呈现刺激材料	4.形成选择性知觉
5.提供学习指导	5.进行语义编码（以利于记忆和提取）
6.诱导学习行为	6.激活反应组织
7.提供反馈	7.建立强化
8.评价表现	8.激活提取和促成强化
9.促进记忆和迁移	9.为提取提供线索和策略

由于不同的学习结果需要不同的学习条件，这就使每一种教学事件以及对教学事件的组合在具体运用时有不同的要求，这些不同的要求即体现为不同教学策略的运用。加涅在分析学习的条件时，根据实验研究和经验概括，详尽区分了不同学习结果对不同教学事件的要求。

2. 瑞奇鲁斯（Charles M. Reigeluth）的教学系统设计理论框架

瑞奇鲁斯对教学系统设计理论提出了很多富有创见的观点。他认为，教学系统设计理论就是"教学科学"；教学系统设计理论是规定性的教学理论；他还提出了建立关于教学系统设计理论知识库的构想。他主编的《教学系统设计理论和模式：这个领域的状况》（1983）及《发展中的教学理论》（1987）是教学系统设计理论方面被引用频率最高、影响最大的文献之一。他把教学理论的变量分为教学条件、教学策略和教学结果，并进一步把教学策略变量细分为教学组织策略、教学管理策略、教学传输策略和激发学生动机的策略。但是，他没有提出关于教学结果和对于具体的教学结果应该采用何种教学策略的理论，也没有把一些重要的教学系统设计理论和模式纳入到这个广义的框架之中。

瑞奇鲁斯等人（1983）还就教学内容的宏观组织问题提出了自己的理论，这就是教学的细化理论（Elaboration Theory of Instruction, ETI）。他认为这种理论综合了布鲁纳的螺旋式课程序列、奥苏贝尔的逐渐分化课程序列、加涅的分层序列和斯坎杜拉的最短路径序列，是一种通用的课程序列化的理论。

3. 梅瑞尔（David Merrill）的成分显示理论（CDT）

梅瑞尔首先提出了一个有关知识的描述性理论，认为知识由行为水平和内容类型构成了两维分类。他的行为维度是：记忆、运用、发现，内容维度是：事实、概念、过程、原理，如附图1所示。

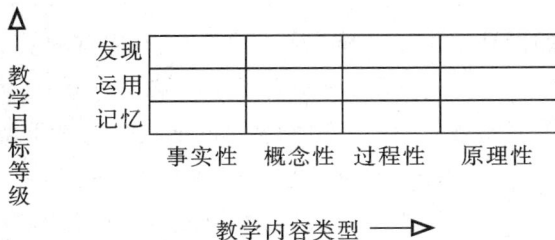

附图 1 梅瑞尔的"目标—内容"二维模型

梅瑞尔还提出了一个有关教学策略的描述性理论,认为策略有基本呈现形式、辅助呈现形式和呈现之间的联系。基本呈现形式由讲解通则、讲解实例、探索通则、探索实例构成,如附表 2 所示。

附表 2 教学策略的基本呈现形式

行为—内容	讲解	探究
通 则	讲解通则,即呈现一般的情境	探究通则,要求学生回忆一般的陈述
实 例	讲解实例,呈现一个例子或者特定情境	探究实例,要求学生在特定的情境或练习中应用通则

辅助呈现形式由附加的促进学习的信息构成,如使注意集中的措施、记忆术和反馈;呈现之间的联系则是一些序列,包括例子—非例子的配对序列、各种例子的分类序列和例子难度的范围。对于每一个行为—内容类别,成分显示理论(Component Display Theory,CDT)都规定了基本呈现形式、辅助呈现形式、呈现之间的联系三者之间的组合,这些组合就构成了最有效的教学策略。

梅瑞尔的 CDT 理论主要针对认知领域论述的教学系统设计理论,对相应的教学策略进行了较详尽的规定。瑞奇鲁斯等人的细化教学理论和梅瑞尔(1983)的成分显示理论一起构成了一个完整的教学系统设计理论。前者是关于教学内容的宏观展开,它揭示学科内容的结构性关系,可用来指导学科知识内容的组织和知识点顺序的安排;后者则考虑教学组织的微策略,即能提供微观水平的教学"处方"——给出每个概念或原理的具体教学方法。

4. 史密斯和雷根(P. L. Smith & T. J. Ragan)的教学系统设计理论

史密斯和雷根鉴于教学设计中对教学策略研究不够充分的现状,对教学系统设计理论进行了深入的研究,发展了加涅的教学设计理论。

史密斯和雷根(1993)在他们所著的教材《教学设计》中曾指出:写作本书的强烈动机来自于本领域的学生和从业人员所面临的种种问题;一些问题是由于媒体的发展要求加速设计过程,还有一些问题是由于与这个领域相关的理论基础越来越丰富;然而,最紧迫的却是教学系统设计中关于教学策略设计方面的问题。在绝大部分教学系统设计过程模式中,前端分析之后就是"设计教学策略"这一步。对于学生和职业教学系统设计者来说,传统的教学系统设计课本中提供的有关这方面的信息,是不充分的。

史密斯和雷根的教学设计理论是对 20 世纪 90 年代以前教学设计的一个总结,真正把教学设计的重点从教学设计过程模式转移到教学设计理论和教学模式上，着眼于具体教学问题，对教学策略的设计给予了前所未有的关注。他们首先总结并综合运用了加涅（1965，1985）、布鲁姆（1956）和安德森（1985）有关学习结果的理论，认为学习结果包括：陈述性知识、概念、规则（关系型规则、程序型规则）、问题解决、认知策略、态度和心因动作技能。同时，他们借鉴了瑞奇鲁斯（1983）有关教学策略的分类框架，把教学策略分为教学组织策略、教学管理策略和教学传输策略。然后，对加涅的一般教学策略模型进行了扩展。在此过程中，史密斯和雷根综合了当代学习理论研究和教学理论研究的主要成果：尽管不同的学习结果需要不同的教学策略，但是教学过程一般都包括四个阶段：导入、主体部分、结论和评定。在训练情境中（如军事训练），一般包括：引起注意、提高动机、给出课的概要、解释和详细说明知识、学习者在监督下练习、评价、总结、鼓励、结束等若干教学事件。

在此基础上，史密斯和雷根提出了自己的教学事件理论，认为一般教学过程包括以下15个教学事件（这些归纳并不是上述几种观点的简单相加，而是以一种中立的立场来陈述这些教学事件，以便于容纳所有的学习策略和情境）：导入阶段（introduce），引起注意（activate attention）；建立教学目标（establish instructional purpose）；唤起兴趣和动机（arouse interest and motivation）；课的概述（review lesson）（包括内容和教学方法）；主体部分（body）；回忆先前学过的知识（recall prior knowledge）；处理信息和例子（process information and examples）；集中注意（focus attention）；运用学习策略（employ learning strategies）；练习（practice）；评价反馈（evaluate feedback）；结论部分（conclusion）；总结和复习（summarize and review）；知识迁移（transfer knowledge），进一步激励和完成教学（remotivate and close）；评价阶段（assessment），评定作业（assess performance），评价反馈和补救教学（evaluate feedback and remediate）。

在此教学事件框架的基础之上，他们针对不同的学习结果提出了对应的教学策略，形成了一个与加涅的教学设计理论相类似的教学设计理论框架。

附录二　微课教学设计方案模板

时间：　　年　　月　　日

姓名		专业		科目	
学习结果类型：					
教学目标：					

时间	教师行为	目标细化	学生行为	媒体环境

附录三 学习风格之信息加工方式调查问卷表

姓名		性别		年龄	
年级			学历		
信息加工风格	常对知识进行归纳、总结。			□是	□否
	常自己做大量习题。			□是	□否
	常自己动手推导公式或亲自做实验来论证理论知识。			□是	□否
	自己制订每一阶段的学习计划。			□是	□否
感知刺激方式	·你获取知识的主要途径： □通过网络、电视、电影等媒体获取知识 □常查阅各种书籍、报刊等文字资料 □常收听各种电台、录音等音像资料 □课堂上老师所讲的各种知识				
感情的需求	常需要来自各方面的鼓励和安慰。			□是	□否
	自己能激发自己学习的热情。			□是	□否
	遇到困难时你如何面对？ □勇往直前 □逃避现实 □置之不理				
	自己犯了错后，你怎样处理？□勇于承认错误，并改正错误 □找出各种客观理由来应付自己和他人 □觉得无所谓，"人孰无过"				
社会性需求	喜欢常和同龄人一起学习。			□是	□否
	希望得到朋友的认可和肯定。			□是	□否
	能向比自己强的同龄人学习。			□是	□否
环境和情绪的要求	在喧闹的环境中学习,能否保证较高的学习效率。 □能 □不能 □有时能,有时不能 喜欢在白天或晚上的某一特定时间学习。 □是 □否 □不定 学习的物质条件比较恶劣时,你觉得你的学习效果： □学习效果不受外部环境的影响 □感觉学习效果不如在条件较好的环境中学习那么好 □环境太差,根本无法学习 学习时你喜欢： □听音乐 □吃零食 □四处走动				
备注:根据自己的实际情况,对上述问题作答,若符合自身情况,就在"□"中画"√",否则不画。					
分析结果:					

附录四　学习风格之个性意识倾向调查问卷表

被调查者：　　　　性别：　　　　年龄：　　　　文化程度：

问题	答案	分析
1.你相信命运主宰一切吗？ 2.你相信人的成功取决于机遇吗？ 3.你觉得学习成绩的好坏取决于教师的教和同学的帮助吗？ 4.假若你做某件事失败以后你还能持之以恒吗？ 5.当你厌烦某一学科时,你还能认真听讲吗？	A.相信　B.有时信　C.不相信 A.相信　B.有时信　C.不相信 A.是的　B.有一定关系　C.不是 A.不能　B.有时能　　　C.能 A.不能　B.有时能　　　C.能	从1,2,3,4,5点可知学习者的控制点(内控或外控) 选A选为外控型 选C者为内控型
6.考试之前,你老是睡不着觉或拉肚子吗？ 7.在平时的学习中你是喜欢紧张还是松闲的学习？ 8.一遇到考试,你是不是就手忙脚乱？ 9.在考场上,你能做到专心致志吗？	A.会　　B.有时会　　C.不会 A.紧张　B.都可以　　C.松闲 A.是的　B.有时是　　C.不是 A.不能　B.有时能　　C.能	从6,7,8,9点可以分析出学习者的焦虑水平。 选A者:高焦虑水平 选C者:低焦虑水平
10.你平常理科的学习明显好于文科吗？ 11.在总复习的时候,你喜欢归类复习吗？ 12.你喜欢复杂而抽象的几何图形吗？	A.是　　B.不明显　C.不是 A.喜欢　B.偶尔　　C.不喜欢 A.喜欢　B.看心情　C.不喜欢	从10,11,12点可以分析出学习者的左右半球大脑优势情况。 选A者:左半球大脑优势 选C者:右半球大脑优势

附录五 学习风格分析一览表

<table>
<tr><td colspan="6" align="center">学习者学习风格分析</td></tr>
<tr><td>姓名</td><td></td><td>性别</td><td></td><td>年龄</td><td></td><td>学历</td><td></td></tr>
<tr><td>爱好</td><td colspan="4"></td><td>政治面貌</td><td></td></tr>
<tr><td rowspan="3">在认知方式
方面的差异</td><td colspan="3">□场依存性</td><td colspan="3">□场独立性</td></tr>
<tr><td colspan="3">□沉思型</td><td colspan="3">□冲动型</td></tr>
<tr><td colspan="3">□概括者</td><td colspan="3">□列举者</td></tr>
<tr><td rowspan="2">个性意识
倾向性因素</td><td>控制点</td><td colspan="2">□内控型</td><td colspan="3">□外控型</td></tr>
<tr><td>焦虑水平</td><td colspan="2">□高</td><td colspan="2">□中等</td><td>□低</td></tr>
<tr><td rowspan="3">生理类型的
差异</td><td colspan="6">□左脑优势学习者</td></tr>
<tr><td colspan="6">□左右两半球脑功能和谐</td></tr>
<tr><td colspan="6">□右脑优势学习者</td></tr>
<tr><td>信息接受方式
信息加工方式</td><td colspan="6"></td></tr>
<tr><td>对学习环境学习
条件的需求</td><td colspan="6"></td></tr>
<tr><td rowspan="2">学习风格分类
（格雷戈克）</td><td colspan="3">□具体—序列型</td><td colspan="3">□具体—随机型</td></tr>
<tr><td colspan="3">□抽象—序列型</td><td colspan="3">□抽象—随机型</td></tr>
<tr><td>分析结果</td><td colspan="6"></td></tr>
<tr><td>调查时间</td><td colspan="4"></td><td>调查人</td><td></td></tr>
</table>

附录六　教学设计方案模板

学科：　　　　　　　　　　　　　　　　　　课时：

课题名称

设计人　　　　　　　　　　　实施人

教学对象分析（一般特征、起始能力、学习风格）

教学目标（知识、技能、情感态度）

教学内容分析

教学策略的制定

教学事件	教学媒体	教学活动

教学评价设计

反思（实施人）

完成时间：　　　　年　　月　　日

参考文献

[1]R. M. 加涅. 教学设计原理[M]. 上海:华东师范大学出版社,2001.

[2]R. M. 加涅. 教育技术学基础[M]. 北京:教育科学出版社,1992.

[3]R. M. 加涅. 学习的条件和教学论[M]. 皮连生,等,译. 上海:华东师范大学出版社,1999.

[4]Bruce Joyce,Marsha Weil,Emily Calhoun. 教学模式[M]. 荆建华,宋富钢,花清亮,译. 北京:中国轻工业出版社,2009.

[5]霍华德·加德纳. 多元智能理论[M]. 北京:新华出版社,2001.

[6]夸美纽斯. 大教学论[M]. 傅任敢,译. 北京:教育科学出版社,2001.

[7]Linda Campbell,Bruce Campbell,Dee Dickinson. 多元智能教与学的策略[M]. 王成全,译. 北京:中国轻工业出版社,2004.

[8]Walter Dick,Lou Carey,James O Carey. 教学系统化设计[M]. 汪琼,译. 5 版. 北京:高等教育出版社,2004.

[9]乌美娜. 教学设计[M]. 北京:高等教育出版社,1994.

[10]尹俊华. 教育技术学导论[M]. 北京:高等教育出版社,2002.

[11]桑新民. 步入信息时代的学习理论[M]. 北京:中央广播电视大学出版社,2001.

[12]桑新民. 学习科学与技术[M]. 北京:高等教育出版社,2004.

[13]李秉德. 教学论[M]. 北京:人民教育出版社,1991.

[14]施良方. 学习论——学习心理学的理论与原理[M]. 北京:人民教育出版社,2000.

[15]何克抗. 教学系统设计[M]. 北京:北京师范大学出版社,2002.

[16]许高原,等. 课堂教学技术[M]. 北京:北京师范大学出版社,2001.

[17]张剑平. 现代教育技术——理论与应用[M]. 北京:高等教育出版社,2003.

[18]冯奕競. 现代教育技术[M]. 南京:南京师范大学出版社,2001.

[19]孙立仁. 教学设计[M]. 北京:电子工业出版社,2004.

[20]邹霞. 现代教育技术[M]. 北京:科学出版社,2013.

[21]帕克·帕尔默. 教学的勇气[M]. 吴国珍,等,译. 上海:华东师范大学出版社,2005.

[22]皮连生. 教学设计[M]. 北京:高等教育出版社,2009.

[23]吴志宏. 多元智能:理论、方法与实践[M]. 上海:上海教育出版社,2003.

[24]卡尔·威特. 卡尔·威特的教育[M]. 刘恒新,译. 北京:京华出版社,2001.

[25]刘美凤,方圆媛. 绩效改进[M]. 北京:北京大学出版社,2011.

[26]莫里森,罗斯,肯普. 设计有效教学[M]. 北京:中国轻工业出版社,2007.

[27]查有梁. 系统科学与教育[M]. 北京:人民教育出版社,1993.

[28]皮连生. 教学设计[M]. 北京:高等教育出版社,2009.

[29]李龙. 教学过程设计[M]. 呼和浩特:内蒙古人民出版社,2001.

[30]盛群力,李志强.现代教学设计论[M].杭州:浙江教育出版社,1998.

[31]盛群力,褚献华.现代教学设计应用模式[M].杭州:浙江教育出版社,2007.

[32]陈晓慧.教学设计[M].北京:电子工业出版社,2009.

[33]张春莉.数学学习与教学设计(中学卷)[M].上海:上海教育出版社,2004.

[34]杨心德,蔡维静.社会学科学习与教学设计(中学卷)[M].上海:上海教育出版社,2005.

[35]刘美凤.教育技术教程[M].北京:清华大学出版社,2014.

[36]刘美凤.教育技术基础[M].北京:中国铁道出版社,2011.

[37]施良方.课程理论:课程的基础、原理与问题[M].北京:教育科学出版社,1996.

[38]全国十二所重点师范大学.教育学基础[M].北京:教育科学出版社,2008.

[39]钟启泉.现代课程论[M].上海:上海教育出版社,1989.

[40]钟志贤.信息化教学模式[M].北京:北京师范大学出版社,2006.

[41]黄甫全,王本陆,等.现代教学论学程[M].修订版.北京:教育科学出版社,2003.

[42]史密斯,雷根.教学设计[M].庞维国,等,译.3版.上海:华东师范大学出版社,2005.

[43]中华人民共和国教育部.思想品德课程标准[M].北京:北京师范大学出版社,2011.

[44]义务教育课程标准实验教科书(人教版)思想品德七年级(上册)[M].北京:人民教育出版社,2006.

[45]义务教育课程标准实验教科书(人教版)数学七年级(上册)[M].北京:人民教育出版社,2006.

[46]张祖忻.从教学设计到绩效技术[J].中国电化教育,2000(7):5-8.

[47]汪启富,邬美娜,刘美凤,等.新信息技术在我国中小学教育中应用的发展策略研究[J].中国电化教育,1998(2):9-12.

[48]刘世清,关伟.教育绩效技术:绩效技术与教育技术融合发展的走向[J].黑龙江高教研究,2004(4):11-13.

[49]高利明.E-Learning教学设计的三个核心问题:信息切割架构、原形速成、通用认知[C].全球华人计算机教育应用大会,2002.

[50]邹霞.论e-Learning与高校教育改革的关系——兼与何克抗教授商榷[J].中国电化教育,2002(10):8-11.

[51]邹霞.论实验研究方法在教育研究中的应用——就《儿童思维发展新论和语文教育的深化改革》一文与何克抗教授商榷[J].电化教育研究,2006(5):40-43.

[52]邹霞.谈教育研究中的实验研究与准实验研究——回复袁磊博士的《也谈实验研究方法在教育研究中的应用》[J].现代远距离教育,2007(4):16-17.

[53]邹霞,钱小龙.对教育技术专业"课程实践"教学的探析[J].中国电化教育,2008(11):80-83.

[54]康翠,邹霞.论教学设计在教育技术学专业中的核心地位[J].赣南师范学院学报,2004,25(5):14-16.

[55]康翠.基于教师专业发展的学科教学设计研究——教案编制的视角[D].北京:北京师范大学,2011.

后 记

终于完成了本书的编著,有些感悟和感谢必须要表达出来。

感悟:想做一件事,如果没有外界的压力,就必须自己督促自己,不以完美为借口拖延或放弃。知己之长短,寻求合作伙伴,组成团队,坚持做下去,尽力做好,完成最重要。

此书从构思到完成,历时三年。其中也有拖延与停顿,总在想:怎样来表现我们想表现的内容,怎样才能让读者读出新意,怎样真正让读者借助本书的力量去设计课程教学,达到让"教师少教,而学生多学"的目的,因为不确定,所以不作为。后来发现,不作为,就没有前进,或许还在后退。所以,不管怎样一定要行动起来,在行动中去完成它,在完成的过程中去完善它。现在终于完成了,尽管它还不够完美,只要读者喜欢,我们可以和读者一起来完善它。

我们希望通过本书,能让读者真正对教学与学习的本质有深刻的理解、知道学习和教学的基本原理、能应用教学设计一般流程来对课程教学进行设计、能对教学案例进行分析并从中汲取营养。希望读者能一边阅读一边完成每一节后面的"思考与行动",相信只要这样做了,就一定能达到本书希望达到的目标:让教师把教学当成"帮助学习者学习的"一项事业,创造性地应用书中的方法去设计自己的课程教学,不断践行之,最终成为教育教学专家。

期望读者能给我们反馈,好与不好的评价,我们都需要。读者们的积极的意见和建议,将是本书继续完善的动力。

感谢:本书完稿之日,恰巧是7月1日。特别想把它作为礼物,献给那些为了人民的利益而贡献出自己一生的老一辈革命家,以表达我们内心对无私为人民奉献的人的崇敬和感谢。或许无私奉献也是教育人应该具有一种情怀吧。

我们还要感谢父母和成长中给我们教育指导的老师们,因为有你们做榜样,教我们做人做事,才有了我们的成长和今天的成果。

本书的出版,得到西华师范大学的资助,得到杨红旗教授的指导,得到我们的学生们的帮助,得到西安交通大学出版社的认可与支持,在此一并表示感谢。

编著者

2017 年 7 月 1 日

图书在版编目(CIP)数据

教学设计:原理与案例/邹霞,康翠,钱小龙编著.
—西安:西安交通大学出版社,2017.8
ISBN 978-7-5693-0025-3

Ⅰ.①教… Ⅱ.①邹…②康…③钱… Ⅲ.①教学设计
Ⅳ.①G42

中国版本图书馆 CIP 数据核字(2017)第 213306 号

书　　名	教学设计:原理与案例
编　　著	邹　霞　康　翠　钱小龙
责任编辑	史菲菲

出版发行	西安交通大学出版社
	(西安市兴庆南路 10 号　邮政编码 710049)
网　　址	http://www.xjtupress.com
电　　话	(029)82668357　82667874(发行中心)
	(029)82668315(总编办)
传　　真	(029)82668280
印　　刷	陕西元盛印务有限公司

开　　本	787mm×1092mm　1/16　**印张** 9.375　**字数** 219 千字
版次印次	2017 年 9 月第 1 版　　2017 年 9 月第 1 次印刷
书　　号	ISBN 978-7-5693-0025-3
定　　价	24.80 元

读者购书、书店添货,如发现印装质量问题,请与本社发行中心联系、调换。
订购热线:(029)82665248　(029)82665249
投稿热线:(029)82668133
读者信箱:xj_rwjg@126.com